Johann Möllmann

Der homonyme Reim im Französischen

Johann Möllmann

Der homonyme Reim im Französischen

ISBN/EAN: 9783744619547

Hergestellt in Europa, USA, Kanada, Australien, Japan

Cover: Foto ©ninafisch / pixelio.de

Weitere Bücher finden Sie auf **www.hansebooks.com**

DER HOMONYME REIM IM FRANZÖSISCHEN.

INAUGURAL-DISSERTATION

ZUR

ERLANGUNG DER PHILOSOPHISCHEN DOCTORWÜRDE

AN DER

KÖNIGL. AKADEMIE ZU MÜNSTER I. W.

VON

JOH. MÖLLMANN

CAND. PHIL.

MÜNSTER.
BUCHDRUCKEREI VON JOHANNES BREDT.
1896.

Meinen lieben Eltern

in Dankbarkeit gewidmet.

Litteratur.

Benutzt worden sind von mir folgende Werke:

Bellanger: Etudes histor. et philol. sur la rime française. Paris 1876.
Darmesteter & Hatzfeld: Le seizième siècle en France[2]. Paris 1883.
Diez: Grammatik der romanischen Sprachen.
Diez: Etymologisches Wörterbuch der romanischen Sprachen. Bonn 1878
Freymond: Über den reichen Reim bei altfranzösischen Dichtern. Halle 1882 (in Gröbers Zeitschrift Bd. 6).
Gröber: Grundriss der romanischen Philologie.
Gröbedinkel: Der Versbau bei Phil. Desportes und Franç. de Malherbe. Strassburg 1880. Diss.
Kalepky: Über Malherbes Versbau und Reimkunst. Berlin 1882. Diss.
Littré: Dictionnaire de la langue française. Paris 1863—75.
Juncker: Geschichte der französ. Litteratur. 2. Aufl. Münster 1894.
Nisard: Histoire de la littérature franç. 8. Aufl. Paris 1881.
Rucktäschel: Einige Arts poétiques aus der Zeit Ronsards und Malherbes. Leipzig 1889. Diss.
Scheler: Dictionnaire d'étymologie française. Bruxelles 1888.
Scheler: Dits et Contes de B. de Condé et de son fils J. de Condé (die Anmerkungen). Bruxelles 1866—67.
Stengel: Romanische Verslehre. Strassburg 1893 (in Gröbers Grundriss Bd. 2).
Tobler: Vom französischen Versbau alter und neuer Zeit. 3. Aufl. Leipzig 1894.
Wolf: Studien zur Geschichte der span. und portug. National-Litteratur. Berlin 1859.
Zschalig: Über Fabry, Sibilet und Du Pont. Leipzig 1884. Diss.
Varnhagen: Systematisches Verzeichnis der auf die neueren Sprachen bezüglichen Programmabhandlungen, Dissertationen und Habilitationsschriften. 2. Aufl. Leipzig 1893.

Andere Quellen sind an geeigneter Stelle angegeben.

Keine Sprache besitzt einen solchen Wortvorrat, um jede Unbestimmtheit und Vieldeutigkeit zu vermeiden. Es giebt daher in jeder derselben bestimmte und vieldeutige Wörter. Erstere sind feststehende Bezeichnungen derselben Begriffe, letztere gleichlautende Bezeichnungen verschiedener Begriffe.[1] Letztere Art von Wörtern nennen wir „Homonyme". In der französischen Sprache, speciell in dem altfranzösischen Teile derselben, ist diese Wortklasse in grosser Anzahl vertreten. Fragen wir uns, worin der Grund hierzu liegt, so erkennen wir, dass der phonetische Prozess, den die Sprache beim Übergang vom Vulgär-Latein zum Französischen und während der altfranzösischen Periode selbst durchmachte, ferner die sprachlichen Freiheiten, welche sich die altfranzösischen Dichter gestatteten, die wesentlichen Ursachen dieser Erscheinung sind.

Zunächst kommen hier die Fälle in Betracht, wo die lateinischen Wörter gleich sind und so im Französischen zuweilen dieselbe Form ergeben haben. Ihre Zahl ist indess sehr gering, wie *latus* (Subst u. Adj.) = altfrz. *lex*; *cara* (*Subst. u. Adj.) = altfrz. *chiere*; *parem* (Adj. u. Verb.) = altfrz. *per*; *lectum* (Subst. u. Partic.) = altfrz. *lit*; *plaga* (zwei Subst. „Gegend", „Wunde") = altfrz. *plaie*; *porta* (Subst. u. Imperat.) = altfrz. *porte*.

Jedoch auch bei Wörtern, welche im Lateinischen mehr oder minder verschieden sind, trat Gleichheit im Französischen ein; denn die lateinischen betonten Vokale nehmen im Allgemeinen eine andere Gestalt im Französischen an. Diese

---

[1] Vgl. Hagemann: „Logik und Noetik". 5. Aufl. Freiburg i. Br. 1887. S. 35.

Umwandlung war oft derart, dass derselbe altfranzösische Laut sich aus verschiedenen lateinischen herleiten konnte. Wie bei vollständiger Verschiedenheit im Lateinischen Gleichheit im Französischen entstehen kann, mögen folgende Beispiele veranschaulichen: *faisant (facientem: phasianum)* Roman de Ham p. p. Michel S. 265; *tint (*tenit: tinnitum)* ebd. 364; *fu (focum: fuit)* ebd. 376; *mains (manum: minus)* Yvain hg. v. W. Foerster V. 1485; *cele (ecce illam: celat)* ebd. 1409; *font (fundit: faciunt)* ebd. 5583; *planté (plenitatem: plantatum)* Cligés hg. v. W. Foerster V. 6195; *comant (commendo: quomodo ~! mente?)* ebd. 6597; *foiz (fidem: vicem.)* Lyoner Ysopet hg. v. W. Foerster V. 225; *soi (sc: sapui)* Roman de la Rose p. p. Michel. Bd. I S. 24; *mire (*mirat: medicum)* ebd. 52; *tent (tendit): tant (tantum)* ebd. 59; *vees (*retatum: videtis)* ebd. 113; *meismes (*metipsimum: misimus)* ebd. 213; *fis (fidum: feci)* ebd. 237; *ot (audit: habuit)* ebd. 238; *cors (corpus: cursum)* ebd. Bd. II S. 161; *soi*[1]*) (se: sapio)* ebd. 199; *rois (regem: radium)* ebd. 200; *doit (digitum: debet)* ebd. 225; *dui (*dui [duo[: debui)* ebd. 337; *qoi (quid: quietum)* Rom. de Renart p. p. Martin. VI V. 783; *anuit (hac nocte:* Vb. v. Sbst. *anui = *inodium)* ebd. XI 1155; *loee (laudata: *leucata)* ebd. XVII 1097; *rois (vocem: rado)* Froissart. p. p. Scheler Bd. I. 3./2975; *dis (decem: dictum)* ebd. 4. 559; *parfont (profundum: *perfaciunt)* B. de Condé p. p. Scheler 8. 513. Weniger auffallend ist die

---

[1]) Solche Reime gehören dem Dialecte der Isle-de-France an; in deren Sprache findet nämlich eine Vermischung von *oi* und *ai* statt. Sehr häufig wird *oi*, ohne Rücksicht darauf, ob es vor Nasal steht oder nicht, wiedergegeben durch *ai*, was z. B. in dem oben angeführten Beispiel *rois (radium)*, sonst *rais*, der Fall ist, und umgekehrt; nicht gar selten findet sich auch die Schreibung mit „*e*". Besonders zahlreiche für die Aussprache des Diphthongen *oi* charakteristische Reime hat der Roman de la Rose. — In diesem Falle ist die Form der ersten Person des Präsens Ind. von *savoir* (eigtl. *sai*) gleich der des Perfects. — Vgl. Metzke: „Der Dialect von Isle-de-France im 13. u. 14. Jahrh." Herrigs Archiv Bd. 65 S. 65.

Übereinstimmung bei: *main* (*manum: mane*) R. d. Ham S. 272; *maint* (*manet:* ahd. *manag*) ebd. 277; *gent* (*gentem: genitum*) ebd. 267; *roie* (*viam: rideat*) Yvain V. 1557; *rit* (*ridit: rivit*) ebd. 2649; *non* (*non: nomen*) Cligés V. 961; *amer* (*amarum: amare*) Ysopet V. 1199; *nuit* (*noctem: nocet*) ebd. 1245; *ris* (*rivum: risum*) R. d. l. Rose I S. 281; *nuef* (*novum: novem*) ebd. 28; *art* (*artem: ardet*) ebd. II 112; *fier* (*ferum: ferio*) ebd. 150; *pere* (*patrem: pareat*) ebd. 222; *oï* (*auditum: hoc *illum*[1]) ebd. 235; *port* (*portum: porto*) ebd. 345; *fors* (*foris: fortem*) Tumbeor de Nostre Dame hg. v. W. Foerster V. 91; *noier* (*necare: negare*) R. d. Renart X 877; *kar* (*carrum: quare*) Froissart I. 4./1770. Weitere Beispiele werden an andern Stellen der Arbeit Erwähnung finden.

Allein bei dieser lautlichen Entwicklung des Französischen aus dem Lateinischen sind nicht nur die betonten Vokale von Bedeutung, sondern auch die unbetonten Vokale, wie die Konsonanten. Besonders zu bemerken ist der Abfall der lateinischen Endungen; denn alle nachtonigen Vokale ausser *a* fielen, wenn sie nicht als Stützvokal nach *muta cum liquida* als *e* erhalten wurden, bei der Umwandlung ins Französische und mit ihnen meistens die folgenden Konsonanten, da diese durch das Schwinden des Vokals ihre feste Stellung verloren hatten.

Auch durch Einschiebung gewisser Konsonanten, wie z. B. *b* und *d* entstanden zuweilen homonyme Wörter; solche sind: *membre* (*memorat: membrum*) R. d. l. Rose I 33; *tendre* (*tenerum: tendere*) ebd. 327; *tendra* (*tenere habet: tendere-*) ebd. II. 78; *vendra* (*venire habet: vendere -*) R. de Renart X 35.

Bei diesem Lautprozess der französischen Sprache konnte es nicht fehlen, dass hier und da ein Wort durch ein anderes in seiner Entwicklung beeinflusst und so diesem angeglichen wurde. Dies hat stattgefunden bei *en* (*inde*); *en* aus lat. *in* wirkte auf *ent* aus lat. *inde* ein, das bald gemeiniglich *en* geschrieben

---

[1] In *„oï"* (hoc *illum*), sonst altfrz. *„oïl"*, ist der frühe Fall des *„l"* bemerkenswert.

wurde, obwohl *ent* das Richtigere ist; denn auslautendes *d* fällt nicht, sondern verhärtet sich zu *t; t* hat sich erhalten in *souvent* (lat. *subinde*).

Ferner wirkte das Pronomen *autel* (lat. *alium talem*) auf *auter (altare)* ein; letzteres wurde schon früh *autel* geschrieben. *charme* aus lat. *carpinum* wurde schon altfrz. an *charme* aus lat. *carmen* angeglichen.

Altfrz. *avant* — neufrz. *avent* — (Adventszeit) hat sich vielleicht nach *avant* (vor) gebildet, da die Adventszeit „vor" Weihnachten ist.[1])

Altfrz. *fois* (lat. *vicem*), das in den andern romanischen Sprachen *r* hat (prov. *vets*), ist sicherlich durch *foi: (fidem)* beeinflusst worden.

Altfrz. *saint* (Glocke) aus lat. *signum* ist durch Anlehnung an *saint* (lat. *sanctum*) entstanden.[2])

Hier kann auch einer Angleichung gedacht werden, die sich vielfach im Mittelalter vollzog. Bei verschiedenen Orten, die nach Heiligen benannt waren, vergass man später oft die Bedeutung des Namens und formte denselben nach einem bekannten Worte um.[3]) So machte man aus *Sanctus Pancratius, S. Cyricus, S. Illidius: Saint-Branches, Saint-Chartres, Sainte-Olive.*

Die Anzahl der Homonymen ist nun in den einzelnen Dialekten verschieden. Hauptsächlich weist das Pikardische, welches in seiner lautlichen Entwicklung erheblich von der der andern Mundarten abweicht, eine weit grössere Menge dieser Art Wörter auf. Insbesondere schuf das pikardische Lautgesetz, nach welchem lateinisches *t   s, d   s   s* wird,

---

[1]) Vgl. Chr. Fass: Beiträge zur französ. Volksetymologie. Romanische Forschungen Bd. III. S. 506.
[2]) Vgl. Fass S. 498.
[3]) Vgl. Fass S. 476, wo mehr Beispiele für die Entstellung von Ortsnamen gegeben sind, und Quicherat: De la formation franç. des anciens noms de lieu. Paris 1867.

wohingegen in den andern Dialekten für diese Fälle z eintritt, eine bedeutend grössere Anzahl von homonymen Wörtern.

Beispiele aus pikardischen Texten und zwar solche, wo die beiden Homonyme als Reimwörter stehen, sind folgende: *pres* (*pressum*: *praestum) R. d. Ham. S. 241; *pis* (*pectus*: *peius*) ebd. 296; *sains* (*sanctum*: *sanum*) ebd. 350; *cors* (*cortem*: *corpus*) ebd. 367; *fors* (*foris*: *fortem*) Tumbeor d. N. Dame V. 97; *ses* (*sapis*: *satis*) B. de Condé XII V. 184; *cours* (*cursum*: *cortem*) ebd. VIII 253; *fois* (*vicem*: *fidem*) ebd. IX 293; *mors* (*mortem*: *morsum*) ebd. XVII 109; *cans* (*campum*: *cantum*) Barbazon u. Méon. I S. 227; *lais* (*laxo*: ahd. *leid*) B. de Condé V. 27; *cours* (*cursum*: *curtum*) Froissart I. 3/1700; *dis* (*decem*: *dictum*) ebd. 4/559.

Diese Reimwörter wiederholen sich in fast allen pikardischen Dichtungen, bei dem einen Dichter mehr, bei dem andern weniger.

o + l (+ *cons.*), das zunächst durch Auflösung des *l* zu *ou* wurde, gestaltete sich im Pikardischen [1]) zu *au*. Da nun in den andern Dialekten *a* + *l* (+ *cons.*) dasselbe ergiebt, so konnte es mit diesem in Gleichklang treten; so giebt *follis fous, pic. faus, malus: maus*. Infolge dieser Gleichstellung ergeben sich für das Pikardische einige homonyme Wörter, die in den übrigen Mundarten nicht vorkommen können: *maus* (*malus: mollis*); *faus* (*falsus: follis*); *vaut* (*valet:* *volet); *saus* (*salvus: solidus*); trotz vielfacher Untersuchungen habe ich jedoch nur *saus* (*salvus: solidus*) im Reime angetroffen; nämlich: Barb. und Méon. III 369 u. Jean de Condé I 31. Wie Tobler a. a. O. bemerkt, ist der pikardischen Mundart fernerhin eigen die Gleichstellung der Ausgänge: *ivs, ils*

---

[1]) Über die Eigentümlichkeiten des pik. Dialektes haben besonders gehandelt: Tobler in seiner Ausgabe des „Dit du vrai aniel", Van Hamel in seiner Ausgabe von: „Li Romans de Carité et Miserere" Paris 1885. Vgl. pp. CXIV u. CXX, Foerster im „Chev. as deus espees", Suchier in „Aucassin und Nicolete" etc.

(mouillirtes *l* mitbegriffen), *ëls, ëus:* so reimen: *rieus (vilis: retulus), dieus (deus:* altfr. *doel, del,* Verbalsubst. von *doloir — dolere), cieus (caelum — s: ecce illos), mieus (mel + s: melius)* u. a. m.

Als später durch die Herbeiführung einer einheitlichen Schriftsprache diese Unterschiede fielen, ging der französischen Sprache eine Anzahl von homonymen Reimen verloren. Indess hat das allmähliche Abnehmen dieser Reime auch noch in andern Erscheinungen seinen Grund. Eine wesentliche Ursache ist darin zu finden, dass eine gewisse Anzahl von Wörtern mit der Zeit verloren gegangen ist, so z. B. *issi* (von *issir = exire: ici), main (maneo: main* [Sbst.]), *reex (retatis: royez), membre (membre* |Sbst.]: *memorat), sache* (v. *savoir = *sapēre:* v. *sachier *saccare), plante (plenitatem: plantatum mire (medicum: *mirat), art (ardet: art* |Sbst.]), *oes (opus: orum)* etc.

Bei andern Wörtern wurde die Homonymie dadurch aufgehoben, dass eins von beiden Wörtern sich mit der Zeit anders gestaltete; wie z. B. bei *pot (put* |Vb.]: *pot* (Sbst.), *mont (mont* [Sbst.]): *monde* (Sbst.), *amer (aimer* |Vb.]): *amer* (Adj.), *tele (telle* |Pron.]): *toile* (Sbst.) vgl. Froiss. I. 4. 1690 und S. 8 Anm. 1, *peres (pere* |Sbst.]: *pares* |Vb.]), *estofe (étouffe* |Vb.]: *étoffe* [Sbst.]), *lui (lui* |Pron.]: *lus* |Vb.]), *poi (peu* [Adv.]: *pus* [Vb.]), *sot (sot* [Adj.]: *sut* [Vb.]), *meismes (même* [Pron.]: *mimes* |Vb.]), *sourt (sort* [Vb.]: *sourd* [Adj.]) etc.

Ein anderer Grund liegt darin, dass der Unterschied der Casus nicht mehr besteht. Altfrz. reimten *dui (deus): dus* (je), *doi (deux: dois* |je]), *mieus* oder *miex (mieux: miel* [Sbst.]), *dieus* oder *diex (deuil* [Subst.]: *Dieu*).

Solche Reime wurden von dem Augenblicke an unmöglich, wo die Nominative *dui* oder *doi, mieus (miex), dieus (diex)* aus der Sprache verschwanden.

Zuweilen kam im Altfranzösischen die Homonymie dadurch zu Stande, dass *ai, ei, oi* vor Nasalen sich mischten; dies fiel später fort; z. B. *mains (moins: mains* [Sbst.]), *fain* (*faim: foin*); *pointes* (*pointes* [Sbst.]: *peintes* [Part.]), *soing* (*sein: soin*).

Hier und da bildeten sich altfranzösische homonyme Wörter durch die Aussprache von *ai* = *e* (vgl. S. 8 Anm. 1), wie in *mes* (*mets* [Sbst.]: *mais*); *mes* (*mets* [Sbst.]: *mai* [Monat]); *ses* (*sais* [Vb.]: *as-sez*).

Mitunter konnten altfranzösische und mittelfranzösische Wörter homonym reimen infolge der vorhin erwähnten Gleichstellung von *ai*, *oi* in andern Verbindungen als vor Nasalen (vgl. S. 8), z. B. *rois* (*roi* [Sbst.]: *rai* = *rayon*); *soi* (*soi* [Pron.]: *sais* [Vb.]); *soit* (*soit* [Vb.]: *sait* [Vb.]); *rois* (*rais* [Vb.]: *roix* [Sbst.]); *estraiz* (*étroit: extrait*).

Indess ist der Verlust an Homonymen, welchen die französische Sprache während ihrer Entwicklung erlitten hat, teilweise dadurch ersetzt worden, dass Wörter, welche im Altfranzösischen mehr oder weniger unterschieden waren, einander angeglichen sind. Dies können folgende Beispiele zeigen:

air = Luft, prov. *aer*, lat. *aër; air* = äusseres Aussehen, Weise, Miene; prov., altitl. *aire*, auch altfrz. stets *aire;* besonders üblich in den Ausdrücken *de bon aire, de mal aire, de put aire*. Etymon: *ager* oder *atrium;* das altfrz *aire* vermischt sich mit *air;* es erhielt sich jedoch in *débonnaire*[1]).

aspic = *spic* = Lawendel (lat. *spicum*) und *aspic* Schlange, (Schlangen-) Gift (lat. *aspidem*) scheinen sich gegenseitig angeglichen zu haben. Die betreffende Pflanze lieferte ein wohlriechendes Öl, *essence de spic*, später *huile d'aspic* genannt. Durch Verwechslung der beiden Flüssigkeiten (Gift — Öl) mag wohl die Angleichung herbeigeführt sein. Weniger wahrscheinlich, glaube ich, ist die Annahme von Fass, wonach die Angleichung durch die Ähnlichkeit der lanzettenförmigen Blätter dieser Pflanze mit der Schlange herbeigeführt wäre [2]).

---

[1]) Vgl. Littré: Dict. und Scheler: Dict.
[2]) Vgl. auch Littré: Dict.

autour altfrz. *ostor* ist angelehnt an die Partikel *autour*, nachdem das *s* verstummt war.

champ = Feld (lat. *campum*).

champ = schmale Seite eines Brettes, altfrz. *chant*, noch erhalten in *canton*, von unsicherer Herkunft.

In *cingler* segeln (ahd. *sëgelën*, altnord. *sigla*), altfrz. *sigler* wurde die Schreibung mit anlautendem „c" sicherlich durch Assimilation an *cingler* peitschen (von lat. *cingulum*) hervorgerufen.[1]

dé = Würfel (*datum*).

dé Fingerhut (*digitale*); letzteres gab altfrz. lautgerecht *deel*, das später zu *del* zusammengezogen und dann an *dé* (*datum*) angeglichen wurde.

In *flageolet* = kleine weisse Bohne (lat. *phaseolum*) schob man fälschlich ein „l" ein in Anlehnung an *flageolet* Flöte (*flautiolum*)[2].

flamme = Lasseisen (gr.-lat. *phlebotomum*), altfrz. *flieme* wurde angeglichen an *flamme* = Flamme (lat. *flamma*)[3].

folie = Lusthaus, ist eine Entstellung aus *feuillie* durch Einwirkung von *folie* Torheit.[4]

fou = Läufer im Schachspiel (entstanden aus pers. *fil*) hat sich dem *fou* = Tor (*follum*) angelehnt, indem man vielleicht den Läufer wegen seiner Stellung neben dem Könige als Hofnarr betrachtete.[5]

palais = (lat. *palatium*).

palais = Gaumen (lat. *palatum*). Die lateinische Form des letzten Wortes hätte *palé* geben müssen. Da altfr. *palais* gewölbtes Gebäude ist, so kann die Ähnlichkeit des Gaumens mit einem Gewölbe die Vermischung herbeigeführt

---

[1] Vgl. Fass S. 509.
[2] Ebd. 491.
[3] Ebd. 497.
[4] Ebd. 503.
[5] Ebd. 505.

haben; durch die Nominativform *palés* mag die Angleichung gefördert sein.[1])

rouette = Weide, Weideband (lat. *retorta*), altfrz. *reorte, riorte, reote*, scheint sich unter dem Einfluss von *rouette*, dim. von *roue* = Rad (lat. *rota*) gebildet zu haben.[2])

souci = Ringelblume (lat. *solsequium*), altfrz. *sousicle, soulcie*, hat sich wohl gemischt mit *souci* = Sorge von *soucier* (lat. *sollicitare*).

In *somme* = Last, Ladung, altfrz. *some*, prov. *sauma* (*salma für *sagma* vom griech. σάγμα) liegt Anlehnung vor an *somme* (lat. *summa*).

Im Zusammenhang hiermit können auch Wörter erwähnt werden, welche altfrz. ein etymologisch berechtigtes „oi" hatten, später aber durch Einwirkung anderer Wörter ein „ai" erhielten: *raie* = Furche (*riga) altfrz. *roie; raie* = Linie, Streifen, Feminin-Form von *rai* (lat. *radius*); ebenso *enrayer* (von *rigare*) aupflügen: *enrayer* (*radiare*) = die Räder zurückhalten. *saie* = Mantel (lat. *saga*): *saie* = Kratzbürste (lat. *seta*) altfrz. *soie*.

Aus diesen Beispielen und den auf Seite 9—10 angegebenen lässt sich schon erkennen, welche Bedeutung die Angleichung in der französischen Wortbildung gehabt hat.

Diese Angleichung, welche oft ganz willkürlich ist, wurde gefördert durch den Reim. Grade im Reim begegnen Homonyme in grosser Anzahl. Einen Reim nun, der derartige Wörter enthält, kann man als homonym bezeichnen.

Diesen „homonymen" Reim im Alt-, Mittel- und Neufranzösischen zu untersuchen soll der Gegenstand der vorliegenden Arbeit sein.

Man versteht darunter also im Allgemeinen einen Reim, wo Wörter gebunden sind, welche zwar denselben Laut, aber

---

[1]) Vgl. Scheler: Dict. u. Fass pg. 494.
[2]) Vgl. Fass pg. 498.

nicht dieselbe Bedeutung, noch auch denselben Ursprung haben. Dieser spezielle Teil aus dem grossen Gebiete der französischen Verslehre ist bis heute sehr stiefmütterlich behandelt worden. Besonders in unserer Zeit ging man über ihn mit ziemlicher Gleichgültigkeit hinweg. Betrachten wir die Verslehren, wie sie uns in Menge vorliegen, so sind es nur einige, welche dieses Reimes einigermassen Erwähnung thun, wie z. B. die von Bellanger, Lubarsch, Weigand und Tobler, dessen Buch uns über dieses Thema einen guten Überblick giebt. Jedoch, was die Entstehung [1]), Behandlung und Anwendung des homonymen Reimes, besonders im Altfranzösischen, anbetrifft, begnügen sich alle, wenn sie überhaupt davon sprechen, mit mehr oder weniger kurzen Andeutungen. Auch die historische Seite ist in den Arbeiten, die auf die Metrik Bezug nehmen, sehr vernachlässigt worden. Am wenigsten hat man bis jetzt den alten Theoretikern genügende Beachtung gewidmet [2]). Dieser Punkt wurde zuerst berücksichtigt von Freymond in seiner Schrift: „Über den reichen Reim bei altfranzösischen Dichtern bis zum Anfang des XIV. Jahrhunderts". Er untersucht zunächst einige alte Verslehren, um dann mittelst des aufgefundenen Materials die Anwendung und Bedeutung des Reimes aus den Dichtungen selbst zu erklären. Der Wert dieser Arbeit wäre sicherlich noch grösser gewesen, wenn der Verfasser seine Forschungen, statt sie auf das Altfranzösische zu beschränken, auch auf das Mittel- und Neufranzösische ausgedehnt und hier die einzelnen Dichterschulen näher ins Auge gefasst hätte. Immerhin ist mir diese Schrift bei Abfassung meiner ganzen Arbeit sehr nützlich gewesen. So will auch ich denn versuchen, zuerst darzulegen, in wiefern und in wie weit der homonyme Reim in den ältern französischen Verslehren behandelt worden ist.

---

[1]) Vgl. W. Grimm: „Zur Geschichte des Reims" in „Abhandlungen der Berliner Akademie" 1851 u. „Kleinere Schriften".
[2]) Vgl. Zchallig: Über Fabry etc.

Vorerst sei es mir gestattet, einen kurzen Überblick zu geben über die Verslehren, welche ich späterhin benutzen will [1].

Bei der eifrigen Pflege der Dichtkunst im In- und Auslande, sowie in Anbetracht der hohen Anforderungen, welche an jeden Dichter in sprachlicher und metrischer Hinsicht gestellt wurden, ist es sehr erklärlich, dass man den Wunsch hatte, die nötigen Kenntnisse sich durch methodische Abhandlungen anzueignen. Diese Werke erstrecken sich hauptsächlich auf Grammatik und Poetik. Über letztern Gegenstand handeln:

„*Las Leys d'amors*" [2].

Die Arbeit ist auf Veranlassung der 1324 zu Toulouse gegründeten Gesellschaft der „Dichtkunst" (*gaia sciensa*) entstanden, indem dieselbe ihren Kanzler Guilhem Molinier beauftragte, eine Unterweisung in der poetischen Technik abzufassen. Dieselbe behandelt in 3 Teilen die Grammatik, Metrik und Rhetorik. Hiervon finden wir eine gute Inhaltsangabe — nach der Ausgabe in den „*Monuments de la littérature romane*" p. Gatien-Arnoult — mitgeteilt bei Wolf: „Studien zur Geschichte der spanischen und portugiesischen National-Litteratur". Berlin 1859 [3]).

„*L'Art de dictier*"
von Eustache Deschamps, erschienen zum ersten Male in den von G. A. Crapelet herausgegebenen „*Poésies morales et historiques*" d'Eust. Deschamps. Paris 1832.

„*Art et science de rhétorique*" von Henry de Croy. Paris 1493.

Dies ist die erste Verslehre, welche grössere Verbreitung und Beachtung fand. Sehr umfangreich und vollständig ist sie

---

[1] Vgl. für diese Abteilung die Schriften von Zchallig u. Rucktäschel.

[2] Sie sind zwar für die provenzl. Dichter geschrieben, aber von den französ. sicherlich nicht unberücksichtigt gelassen.

[3] Vgl. Alb. Stimming: „Provenzal. Litteratur" in Gröbers Grundriss II, 2 S. 67. E. Stengel: „Romanische Verslehre" ebd. II, 1 S. 2.

2

noch nicht. De Croy behandelt den Reim, den Vers- und Strophenbau.

„Le grand et vrai art de pleine Rhétorique" de Pierre Fabry (1521), neu ed. von A. Héron. Rouen 1889—90.

Wenn der Verfasser auch seinen Vorgängern, wie H. de Croy, viel verdankt, so sichert doch die Art der Benutzung und mancherlei neu Hinzugefügtes ihm nicht nur die Ehre der Selbständigkeit, sondern auch eines bedeutenden Fortschrittes in der Lehre der Dichtkunst. Fabry sucht, wie auch der noch zu erwähnende Sibilet, besonders die Reimarten genau zu unterscheiden und die Dichtungssprache zu reinigen und zu veredeln. Wir finden bei ihm eine sehr methodische und übersichtliche Behandlung des Stoffes.

„Art poétique françois, pour l'instruction des ieunes studieus et encor peu auancéz en la Poésie françoise" par Thomas Sibilet. Paris 1548.

Bei Sibilet treffen wir grössere Sorgfältigkeit an als bei seinen Vorgängern. Er zeichnet sich aus durch Einfachheit, Klarheit und Kürze. Seine Lehre bezeichnet einen bedeutenden Fortschritt und Wendepunkt in der französischen Poetik und bildet gewissermassen einen *„trait d'union"* zwischen den Schülern Marots und Ronsards.

„La Défense et Illustration de la langue françoise" par Joachim Du Bellay (1549), neu ed. von Em. Person. Paris 1878.

Du Bellay sucht durch Nachahmung der Alten und der Italiener die französische Dichtung auf die Höhe der klassischen Poesie zu bringen. Den französischen Dichtern sollten dieselben Licenzen gestattet sein, wie den alten. Das Versmass sollte nach antikem Muster umgestaltet werden. Antwort auf seine kühnen Forderungen bildet die Schrift:

„Le Quintil Horatian" par Charles Fontaine (1551) publié ibid.

Fontaine tadelt die willkürlichen Veränderungen der Wörter zu Gunsten der Reime, wie Du Bellay es fordert. Ferner verwirft er die Latinismen und kämpft gegen die Ausländerei. Obwohl zu den eigentlichen Verslehren nicht gehörend, kann hier doch der „Commentaire sur Desportes" von Malherbe erwähnt werden, hrsg. von Lalanne in „Grands écrivains de la France" 17. Dieser Commentaire enthält Anmerkungen Malherbes über einen Teil der Dichtungen von Desportes. Die Kritik, welche zuweilen sehr scharf ist, bezieht sich sowohl auf den Inhalt, wie auf die Form der Gedichte.

Beginnen wir mit den *Leys d'amors*.

Die Reime werden hier betrachtet [1]):

I. in bezug auf Bindung und Klang.

II. in Rücksicht auf strophische Anordnung oder Reimstellung.

III. Die Reimwörter werden als solche — *dictios* genannt — berücksichtigt, in welcher Beziehung Reime und Strophen *dictionals* heissen; und zwar sind sie

1. *dictionals per diversas dictios* oder *derivativas*, wenn Wurzelwörter mit ihren Derivatis und Compositis in den Reimen wechseln;

2. *dictionals per una dictio* und zwar *equivocas*, wenn dieselben Wörter mit gleichem Accent und Ton, aber in verschiedener Bedeutung zusammen reimen.

Wären es nicht dieselben Wörter, wohl aber dieselben Buchstaben in getrennten Wörtern, so wären sie nur *equivocas contrafachas* z. B. prov. *re mena — remena, c'oms — que homs — coms*.

Von Wichtigkeit für uns ist hier der Teil III 2, der „equivoker Reim" betitelt ist. Wie wir sehen, fallen die Reime,

---

[1]) Vgl. Wolf: Studien etc.

welche wir untersuchen wollen, unter die Klasse der equivoken Reime; hiernach wäre also der homonyme Reim eine Unterabteilung des equivoken. Bedenken wir, was man im Allgemeinen unter „equivok" und was unter „homonym" versteht, so leuchtet ein, dass diese Unterordnung die richtige ist, und dass nicht, wie früher oft geschah, der equivoke Reim als eine Klasse des homonymen Reimes anzusehen ist.

Nach Littré[1]) ist *rime équivoque* ein Reim, *dans laquelle le son d'un mot placé à la fin d'un vers reparaissait dans le vers consonnant, mais en formant un autre sens.*

Wohlverstanden, sagt er hier, dass der Klang eines Wortes sich wiederholt; mithin ist es nicht notwendig, dass der korrespondierende Reim aus einem (1) Worte besteht; vielmehr kann derselbe aus getreunten Wörtern bestehen, die jedoch denselben Klang haben müssen. Besteht der korrespondierende Reim aber wieder nur aus einem (1) Worte, so haben wir den homonymen Reim im eigentlichen Sinne; denn die Wörter sind dann homonym; homonyme Wörter nennt man nämlich nach Littré — *mots qui se prononcent de même, bien que l'orthographe ou l'origine des mots diffèrent.*

Ein *rime des mots homonymes* ist aber, wie Littré weiter sagt, ein *rime homonyme*.

Wir haben also in den *Leys d'amors* equivoke Reime und zwar:

a) equivoke Reime im engern Sinne, d. h. Reime, wo an den Enden zweier Verse nicht dieselben Wörter, sondern dieselben Buchstaben in getrennten Wörtern reimen;

b) homonyme Reime, d. h. solche, wo Wörter von gleichem Accent und Ton, aber von verschiedener Bedeutung und von verschiedenem Ursprung reimen.

Betrachten wir weiter die Metrik des *Eustache Dechamps*, so sehen wir, dass auch er den Namen „equivoker" Reim anwendet; jedoch ist seine Auffassung etwas verschieden von der

---

[1]) Vgl. Littré: Dict.

der *Leys d'amors;* denn bei ihm reimen einerseits nicht die Endungen zweier Verse, sondern das Ende eines Verses mit dem Anfange des folgenden; andererseits reimen nicht ganze Wörter, sondern jedesmal die letzte bezw. erste Silbe. Er sagt nämlich: *rime équivoque: il couvient que la derreniere sillabe de chacun ver soit reprinse au commencement du ver ensuient, en autre signification et en autre sens que la fin du ver précédent.*

In der Hauptsache stimmt er immerhin mit den *Leys d'amors* überein, nämlich, dass Elemente durch den Reim gebunden werden, welche denselben Laut, aber verschiedene Bedeutung haben.

Eine eingehendere Behandlung finden wir in der *Art poétique* des Pierre Fabry.

Zunächst will ich anführen, was ich betreffs unseres Stoffes in seiner sehr ausführlichen und klaren Verslehre gefunden habe.

Rithme équiuoque, c'est quant deux ou plusieurs lignes ont leur dernier terme de deux sillabes ou plus entre eulx commun, qui est entendu en plusieurs diuerses et differentes significations.

En autre maniere se faict rithme équivoque, quant le dernier mot des lignes est de une sillabe entre eulx commun, mais son significat est différent.

Il est une aultre plus basse rithme de impropres équiroques quant ung terme de plusieurs sillabes est mis en fin de ligne, et en l'aultre ligne correspondante il y a deux ou plusieurs termes qui font différence et diuerse signification et sont assez de pareille ou semblable orthographie.

Il est encore une aultre plus basse et moins propre équivoque quant les termes des fins des lignes se proferent tout ung, mais sont de différente orthographie laquelle ne altere point la prononciation.

Wie wir sehen, stimmt auch Fabry mit seinen Vorgängern überein, insofern auch er nur den Terminus: „équi-

roque" gebraucht und ihn auf die einzelnen Abteilungen anwendet.

Er rechnet also zu den equivoken Reimen
1. solche, wo Wörter von demselben Laut, aber von verschiedener Bedeutung reimen.
2. Reime, wo ein Wort von zwei oder mehreren Silben mit zwei oder mehreren gleichlautenden Wörtern von verschiedener Bedeutung reimt.

Übersehen wir nun das bisher Gesagte, so beobachten wir, dass Alles, was in das zu behandelnde Gebiet fällt, mit dem Namen „equivoker" Reim bezeichnet wird. Wie wir vorhin schon sahen, hat dieser equivoke Reim verschiedene Arten, welche ich folgendermassen einzuteilen gedenke.[1])

Equivoker Reim.

A. Equivoker Reim im engern Sinne,

d. h. ein Reim, wo ein Wort von mehreren Silben am Ende eines Verses reimt mit zwei oder mehreren Wörtern des folgenden Verses, welche denselben Laut und meistens auch dieselben Buchstaben, aber verschiedenen Sinn haben, z. B.[2]) *ami: à mi* Rom. de Ham. S. 216; *anui: an hui* ebd. S. 233; *tous sains: Toussains* ebd. 257; *outré: ou tré* ebd. 262; *à masse: amasse* ebd. 269; *l'ostel: los tel* ebd. 273; *de Trie: detrie* ebd. 301; *avint: à vint* ebd. 334/35; *des cors: descors* ebd. 341; *sont*[3]) *né: sonné* ebd. 361; *de lis: delis* ebd. 362; *netun: n'et un* Yvain V. 5513; *aïe: a hie* ebd. 6147; *Lot: l'ot* ebd. 6267; *l'avoit: la voit* Cligés 1421; *s'ire: sire* ebd. 2187; *l'oent: loent* ebd. 3943; *ne gié: negié* ebd. 4680; *apetit: à petit*

---

[1]) Vgl. Tobler: „Vom franz. Versbau" S. 142, 147/48. Freymond: „Über den reichen Reim . ." S. 19. Stengel: „Rom. Verslehre." S. 66.

[2]) Vgl. Freymond: „Über d. r. R." S. 211.

[3]) Beweis dafür, dass die Endkonsonanten schon verstummt waren. Vgl. die häufige Form *cer* für *cers* s. S. 24.

R. de la Rose I. S. 148; *hostelas*: *hostel as* ebd. 155; *forgié*: *fors*¹) *gié* ebd. 174; *cum un*: *commun* ebd. 180; *en tens*: *entens* ebd. 219; *Mainfrois*: *main i*¹) *frois* ebd. 224; *lessai*: *laix sai*²) vgl. 8 A. 1 ebd. 230; *Amis*: *a mis* ebd. 240; *par dons*: *pardons* ebd. 251; *par ens*: *parens* ebd. 296; *cors*¹) *Dé*: *cordé* ebd. 309; *commence*: *qu'on mence* Froiss. I 3 343; *guerre donna*: *guerredonna* ebd. 461; *pa*;¹) *là*: *Palla* ebd. 493; *prison*: *prise on* ebd. 943; *arroi*: *à roi* ebd 3891; *meffet*: *me fet* ebd. 4/497; *en quor*: *encor* ebd. 4/679; *afaire*: *à faire* ebd. 2610; *lyons*: *li hons* ebd. 3026; *saison*: *s'aise on* ebd. 3315; *lassera*: *là sera* Baud. de Condé VII 41; *maisons*: *mais hons* ebd. 47; *c'on passe*: *compasse* ebd. 87; *envie iaus*: *enviaus* ebd. VIII 5; *bone gent*: *bon ne gent* ebd. 9; *l'asiervist*: *la sierve ist* ebd. 21; *en homme*: *en nomme* ebd. 83; *ton malisse*: *ton mal isse* ebd. 103; *est amère*: *et à mère* ebd. 155; *peuïst*: *peu ist* ebd. 245; *mort là*: *mors*¹) *l'a* ebd. 305; *l'acointai*: *la cointe ai* ebd. X 9; *sourquidoie*: *Sor qui doie* ebd. 29; *manière*: *m'a n'ière* ebd. 67; *u n'a gille*: *une agille* ebd. 309; *l'abielist*: *la biele ist* ebd. 329; *l'arousa*: *la rose a* ebd. 337 etc.

B. Homonymer Reim,

d. h. ein solcher, wo ein ein- oder mehrsilbiges Wort am Ende eines Verses reimt mit einem gleich geschriebenen oder gesprochenen am Ende des folgenden Verses.

Hier sind wieder zu unterscheiden

a) solche homonyme Reime, wo die Reimwörter denselben Stamm und dieselbe Bedeutung haben³) z. B. Rom. de Renart II 1223 *voie* (*via*); VII 495 *autres* (*alteros*); X 595 *fere*

---

¹) s. S. 22. Anm. 3.

²) Auffallenderweise reimen hier s : :, was sonst nicht gestattet ist.

³) Diese Reime, welche im Ganzen sehr selten sind, zeigen sich fast nur im Rom. de Renart und in den Fabliaux. — Vgl. die Tabelle.

(*facere*); XI 295 *fu* (*fuit*); 801 *sont* (*sunt*); XIV 530 *tu* (*tu*); 823 *fin* (*finem*); XVI 501 *fet* (*facit*) etc.

β) solche, wo die Reimwörter zwar denselben Ursprung, aber verschiedene Bedeutung haben. Zu beachten ist hier, ob der Bedeutungsunterschied gross oder klein ist. Beispiele siehe weiter unten.

γ) solche, wo die Reimwörter verschiedenen Ursprungs und daher verschiedener Bedeutung sind, z. B *pres* (*pressum*: **praestum*) Rom. de Ham. S. 238; *annit* (Vb. vom Sb. *anui ... *inodium: hac nocte*) ebd. 242; *prise* (**pretiat: prensam*) ebd. 279; *esperons* (von ahd. *sporo*: *esperer — sperare*) ebd. 281; *mari* (*maritum*: Part. v. *marrir* ahd. *marran* ebd. 289; *Ver* (Ortsname): *rer* (*rersum*) ebd. 305, vgl. S. 22₃; *Mons* (Ortsname): *mous* (*montem*) ebd. 306; *fust* (*fustem*: *fuisset*) ebd. 308; *membre* (*membrum*: *memorat*) ebd. 311; *Mence* (Ortsname): *mence* (**mentiat*) ebd. 311; *Lonc* (Ortsname): *lonc* (*longum*) ebd. 355; *Rougi* (Ortsname): *rougi* (vom Vb. *rougir* v. *rubeum*) ebd. 356; *cors* (*cortem: corpus*) ebd. 367; *Vi* (Ortsname): *ri* (*vidi*) ebd. 367; *pris* (*pretium: *prensi*) ebd. 377; *pars* (*parcum: partem*) ebd. 378; *issi* (*issir   exire: aeque sic*) Yvain 187; *pot* (*potuit: ufr. pot* von unsicherer Herkunft) ebd. 591; *vanter* (**ventare: *vanitare*) ebd. 717; *plain* (*plenum: planum*) ebd. 803; *cos* (*colaphum: collum*) ebd. 819; *mains* (*minus: manum*) ebd. 1485; *cort* (*currit: cortem*) ebd. 1827; *Marie* (*Mariam*): *marie* (*maritat*) ebd. 2487; *face* (*faciem: faciat*) ebd. 3137; *cort* (*curtum: cortem*) ebd. 4737; *cost* (*consuit: constet* [*couter*]) ebd. 5423; *mont* (*montem: mundum*) Cligés V. 309; *este* (*statum: aestatem*) ebd. 1485; *sales* (ahd. *salo* [Adj.]): ahd. *sal* (Sbst.) ebd. 5355; *force* (**fortiam: forpicem*) ebd. 5935; *trace* (**tractiat*): *Trace* (*Thraciam*) ebd. 6433; *conte* (*comitem*: Verbalsubst. von *conter ... computare*) ebd. 1881; *roy* (*rete: regem*) Ysopet (Lyon) V. 1019; *chine* (*chienne* fem. v. *chien – canem*: *echine* v. ahd. *skina*) ebd. 505; *tirant* (Part. v. *tirer   ahd. zëran: tyrannum*) ebd. 1233; *saut (saltum: salvet)* R. de Renart III 111; *sot (sapuit: *soltum)* ebd. V 835; *rue (rugam: rūtat* Frequent. v. *rŭere)* ebd. VI 290; *demeine (*deminat: dominium)* ebd. VII 55; *atant (ad tantum: attendit)* ebd. IX 1015; *sache* (Cj. Prs. v. *savoir* = **sapēre*: Ind. Prs. v. *sachier* = **saccare)* ebd. IX 1661; *char (carrum: carnem)* ebd. XI 1083; *sente (semita: sentiat)* ebd. XV 101; *mut (movit: mutet)* ebd. XVII 677; *lui (*illuic*: Pf. v. *lire* = *legere*) R. de la Rose I S. 6; *fex* (= *faix* = *fascem: facio*) ebd. 63; *tost* (Pf. v. *tolre* = *tollere*: viell. von *tostum (torrere)* ebd. 66; *rooille (*roticulat: *rubigulam)* ebd. 123; *Griève* (Ortsname): *griève (gravem)* ebd. 168; *lis (lilium: *le.ri* [statt *legi*] ebd. 295; *chas* (von *chasser* = **captiare: catum)* ebd. II 6; *ieux (oculum: illos)* Baud. de Condé I V. 257; *mieus (melius: mel)* ebd. 429; *autel (altare: alium talem)* ebd. XII 493; *estrius (étrenner, donner des étrennes* v. Sb. *strena*: v. *estrauge* = *extraneum)* ebd. VII 95; *mes (mansum* = *demeure: missum* = *mets)* ebd. 119; *plains (plenum: planctum)* ebd. 155; *cius (caelum + s: ecce illos)* ebd. VIII 73; *renius (venenum: venimus)* ebd. 93; *deseure (desuper: disseparat)* ebd. 133; *soit (secet: sit)* ebd. 263; *muire (*moriat: mugire)* ebd. 309; *mire (*mirat: mereat)* ebd. XVII 37; *mire (*mirat: medicum)* ebd. 43; *pere (patrem: pareat)* ebd. 105; *males (*malam* nfrz. *malle: malam* [Adj.]) ebd. XVIII 307; *nonne (*nonnam: nonam* scl. *horam)* ebd. 745; *coment (quomodo -- mente?)*: *comant (commendo)* Rom. de Dolopathos p. p. Brunet u. Montaiglon S. 72; *faice (faciem: faciat)* ebd. 90; *chois* (Vbsb. v. *choisir* = goth. *kausjan*): *cois (quietum)* Senefiance de l'ABC p. le Roi de Cambrai p. p. Jubinal S. 275; *oevre* (prov. *adubrir: operam)* ebd. 275; *A* (Buchstabe): *a (habet) criz* (Vbsb. v. *crier* — *quiritare*): *Criz (Christum)* ebd. 278; *vaine (venam: vanam)* ebd. 279; *cire (ceram: senior)* De Sire Hain et de Dame Anieuse p. p. Barb. u. Méon. Bd. III V. 39; *las (lassum: laquenm)* Machault p. p. la société des bibliophiles franç. S. 34; *fis (filium: fidum)* ebd. 120; *peris (periculum: peritum)* ebd. 285; *conté (computatum: comitatum)* ebd. 315; *saulx* (*salrum*: *salicem*) E. Deschamps: „La Farce de M. Truber" p. p. la société des anc. textes. Bd. VII 71; *erres* (*arrha*: *erras*) ebd. 109; *poys* (*pisum*: *pensum*) „Miroir de Mariage" ebd. IX 1811; *lie*: (*ligatum*: *laetum*) ebd. 1021; *parens* (*parentem* [Sb.]: Part. v. *parere*) ebd. 1203; *perisse* (*pigritiam*: *periisset*) ebd. 7267; *cens* (*centum*): *sens* (*sensum*) *targe* (ahd. *zarga*: *tardicat) Chr. de Pisan: Dit de la Pastoure p. p. la soc. d. a. t. 304; *coups* (*colaphum*): *coulz* (*collum*) ebd. 301; *grain* (*granum*: ahd. *gram*) ebd. 1302; *plait* (*placitum* *placet*) ebd. 1050; *ceul*: (*ecce illos*): *seulx* (*solum*) Dit de la Rose 43; *dis* (v. *dicere*): *dix* (*decem*) ebd. 71; *venus* (Part. v. *venire*) *Venus*[1]), Ch. d'Orléans p. p. A. Champollion-Figeac S. 4; *chiere* (*caram: *caram* [Adj.] ebd. 2.

Weitere Beispiele sind angegeben auf Seite 8—9. Die unter γ angeführten Reime müssen als „eigentliche" homonyme Reime bezeichnet werden, während man die unter α namhaft gemachten auch „identisch" nennen kann.

Für die Klasse β lassen sich noch folgende Unterabteilungen machen:

I. Wörter, die derselben Wortklasse angehören, z B.:

vis (Meinung: Gesicht) Cligés 1295; *mettre* (setzen: [*mal-*] übel zurichten) ebd. 6015; *ot* ([es] gab: hatte) R. de Renart XI 269; *tens* (Zeit: rechte, günstige Zeit) ebd. 545; *mestier* ([ist] notwendig: Handwerk) Froiss. I 3 188; *Justice*: *justice* ebd. 4/2372.

II. Wörter, welche verschiedenen Wortklassen angehören, bei denen daher die Verschiedenheit mehr hervortritt.

Es können so reimen:

1. Nominal- und Verbal-Formen, und zwar

a) Substantiv und Particip, z. B.:

Yvain: *veüe* 1213, *mort* 3405; Cligés: *meslees* 3525; R. de Renart: *entree* II 1343; Froissart: *venue* I 4 1758 etc.

[1]) Hier reimt *Venus*, das auf hörbaren Konsonanten ausgeht, mit *venus*, dessen *s* doch wahrscheinlich nicht mehr gesprochen wurde. Vgl. S. 22 Anm. 3.

b) Substantiv und die dritte Person vom Singular des Indikativ des Präsens, z. B.:

Yvain: *couche* 4657; R de Renart: *peine* V 159, *pense* VII 1, *tret* (= *trait*) XI 1199, *point* 1527; Froissart: *parolle* I 1 627, *prueve* 655 etc.

c) Substantiv und Infinitiv, z. B:

Yvain: *estre* 243, *avoir* 3123; R. de Renart: *savoir* X 1047, *manger* XI 787 etc.

2. Substantiv und Adjectiv, z. B.:

Cligés: *preux* 899; Ysopet: *droit* 399; Froissart: *plains* I 1 703, *present* 3 681; R. de la Rose: *estrange* (ad 1;b) S. 146; etc.

3. Substantiv und Partikel, z. B.:

Yvain: *pas* 193; Cligés: *point* 4533, *ancontre* 4653; Froissart: *bien* I 1 579, *voies* (*toutes* — : —) 3 3750 etc.

4. Verschiedene Verbalformen, z. B.:

R. de Renart: *fet* (= *fait* 3. Ps. Sg. Prs. Ind.: Part.) XI 2685, ebd. 3243 *tret* (— *trait* ebenso); R. de la Rose: I S. 239 *només* (2. Ps. Pl. Prs. Ind.: Part.), 302 *livrés* (ebenso), 336 *alés* (ebenso) etc.

5. Verbum und Adjectiv, z. B.:

R. de la Rose: I S. 105 *chaut*, 201 *seiche* (*sécher*), 271 *grieve* etc.; Froissart I 3/827 *rif*.

Nachdem ich nun festgestellt habe, was man unter homonymem Reim zu verstehen hat, und welche Unterabteilungen derselbe umfasst, will ich jetzt einen Blick werfen auf die Anwendung und Bedeutung des equivoken Reimes[1]). Wie wir

---

[1]) Vgl. Bellanger: „*Etudes histor. et phil. sur la rime française*". Der Verfasser verbreitet sich im Allgemeinen über die Geschichte des equivoken Reimes, ohne jedoch näher auf den homonymen einzugehen. Ihm gebührt das Verdienst, zuerst alte Poetiken für eine Arbeit aus dem Gebiete der französ. Verslehre untersucht zu haben. Seine Beispiele entnimmt er aber nur aus der Zeit des 14. und 15. Jahrh.; es war ja auch nicht seine Absicht, die Entwickelung des betreffenden Reimes zu schildern, sondern nur zu zeigen, in welche Spielereien der equivoke Reim damals verfallen war.

aus dem Vorhergehenden gesehen, scheint sich der equivoke Reim schon früh entwickelt und eine grosse Bedeutung gewonnen zu haben. Schon bei E. Deschamps finden wir folgende Stelle: *les plus fortes balades qui se puissent faire sont les balades équiuoques*", d. h. Balladen mit equivokem Reim. Über die etwaige Anwendung oder über den Wert der verschiedenen Arten des equivoken Reimes ist bei ihm noch nichts erwähnt. Anders ist es jedoch bei Fabry. Er hat uns zuerst eine eingehendere Untersuchung des equivoken Reimes gegeben. Fabry unterscheidet bei demselben gute und schlechte. Was B. ¡) anbetrifft, so sagt er: „*Et nota, que ung terme qui a deux significats contraires n'est point dict équiuoque, comme „amour" s'entent pour vertu et pour vice*", z. B
Malus amor:
   Les putains ayment par amour
        Leurs ruffiens.
Bonus amor:
   Et tousiours i'ayme par amour
        Les anciens.
  Diese Behauptung Fabrys ist indess als nicht ganz richtig zurückzuweisen. Wenn dasselbe Wort zwei verschiedene Bedeutungen hat, so kann es wohl als equivok bezeichnet werden; *termini aequivoci* sind nämlich gleichlautende Bezeichnungen verschiedener Begriffe: das Wort „*vis*" (*visum*), das die Bedeutungen: Ansicht, Meinung und Gesicht hat, kann mit vollem Recht nach der angegebenen Regel als equivok oder doppelsinnig angeführt werden. Ebenso verhält es sich mit *lieu* (*locum*) Ort, Stelle und Gelegenheit. Allerdings ist das von Fabry angegebene Beispiel schlecht gewählt. Derselbe sagt ferner: „*Il est une aultre „plus basse" rithme de impropres équivoques quant ung terme*..." vgl. die auf Seite 21 angeführte Stelle. Hierin bestreitet er zwar nicht, dass es ein equivoker Reim sei, sagt aber, dass es ein schlechter (*basse*) equivoker Reim sei. Mit dieser Ansicht steht er für seine Zeit ganz isoliert da. Ist es doch gerade diese Art, welche

von den Reimkünstlern des 13., 14. und 15. Jahrhunderts im Übermass angewandt wurde. Dasselbe lässt sich sagen von folgendem: „*Il est encore une aultre plus basse et moins propre équiuoque quant les termes* . . .", siehe desgl. Seite 21. Doch mit fast allen andern Poetikern stimmt er überein in der Ansicht, dass es verpönt sei, dasselbe Wort mit derselben Bedeutung mehr als einmal in den Reim zu setzen; er sagt nämlich: „*pour mieulx entendre de équiuoque il est besoin sçavoir qu'il est d'aucuns termes qui n'ont que ung significat et ne les doibt on point mettre en fin de ligne plusieurs fois.* Endlich wendet er sich dagegen, Nominal- und Verbalformen desselben Stammes zu reimen.

Wir sehen also, wie schon Fabry die Arten des equivoken Reimes, in gute und schlechte sondert. Wenn wir uns kurz fassen wollen, so können wir behaupten, dass Fabry im Allgemeinen nur die eigentlichen homonymen Reime als gute equivoke Reime anerkannt hat. Diese Lehre finden wir zumeist bei allen andern Poetikern; doch kein Poetiker aus der damaligen Zeit verwirft wie Fabry den equivoken Reim im engern Sinne.

Untersuchen wir jetzt, was Sibilet uns über den equivoken Reim berichtet. Er sagt unter Anderm: „*ceste espèce de ryme en équiuoque, comme elle est la plus difficile, aussy est elle moins usitée et ne laisse pourtant a estre la plus élégante.*"

Dies über seine Bedeutung. Was seine Anwendung betrifft, so sagt er: „*Regarde bien, que tu ne tombes en une faute qui est de mettre un mot rymant contre soi même, si d'advēture n'estoit diuersifié par signification, ou partie d'oraison comme si l'un fut nom, l'autre verbe ou adverbe.*"

Sibilet ist in seinen Anforderungen nicht so streng als Fabry. Wie dieser, verwirft auch er den Reim derjenigen Wörter, welche in Laut, Bedeutung und Ursprung übereinstimmen; weicht aber dadurch von seinem Vorgänger ab, dass er die Reime gestattet, in denen die Reimwörter zwar denselben

Ursprung, aber verschiedene Bedeutung haben oder verschiedenen Wortklassen augehören. Ferner ersehen wir aus der ersten Stelle, dass zu Sibilet's Zeit die Blüte des equivoken Reimes schon geschwunden war. Wie aus dem Ganzen zu schliessen ist, kann man sagen, dass der equivoke und damit auch der homonyme Reim im Altfranzösischen nicht nur erlaubt, sondern sogar sehr gesucht war; nur durfte nicht dasselbe Wort mit sich selbst reimen; jedoch können lautlich übereinstimmende Wörter in Gleichklang treten, wenn sie verschiedene Bedeutung haben oder verschiedenen Wortklassen angehören. — Lange Zeit hindurch wurde derjenige Dichter als der beste anerkannt, der die besten Reimspiele zu Stande brachte. Auch Henry de Croy, welcher im Jahre 1493 seine Verslehre schrieb, sagt, dass *„pour pratiquer la science il falloit choisir plaisants équiuoques“*; jeder andere Reim sei *„rhétorique et théorique ruralle, bonne au plus pour les bergers“*.

Am Schlusse des 14. und während des 15. Jahrhunderts lag noch das Hauptstreben der französischen Dichter auf der formalen Seite. Der Inhalt wurde infolgedessen sehr vernachlässigt; Rabelais wagte es zuerst, diesen Reimschmieden entgegenzutreten, indem er sie und ihre Werke in jeder Weise mit scharfer Satire verhöhnte. Ein noch härterer, aber auch wirksamerer Stoss wurde gegen diese Reimsucht ausgeführt in der: *„Défense et Illustration de la langue françoise“* par J. Du Bellay,[1] den Vorkämpfer der Schule Ronsards. *„Les Equivoques*, sagt er, *s'ilz ne changent ou augmentent grandement la signification, me soient chassez bien loing.“* Der Streit entbrannte gewaltig zwischen der alten Schule und der Ronsards. Der Untergang der französischen Litteratur schien jenen besiegelt, wenn die Forderungen der Neuerer durchgeführt würden. Mit scharfen Worten suchte dann bald nach Erscheinen dieser Schrift Charles Fontaine sich zu verteidigen.

---

[1] Vgl. auch Plötz: Etude sur Du Bellay. Halle 1879. Diss.

So sagt er z. B.: „*Ces Equivoques me soyent chassez bien loing*". *Comme tu as osté les plus belles formes de la Poésie Françoise, ainsi maintenant rejettes-tu la plus exquise sorte de ryme que nous ayons.* Die bittere Kritik dieses Mannes, welcher als der letzte Repräsentant der alten Poetik anzusehen ist, hatte durchaus keinen Erfolg. Die Poetiken alten Charakters fallen bald in Vergessenheit. Immerhin finden sich aber noch Nachklänge der alten Schule in der Blütezeit der Plejade. Hauptsächlich machte sich noch der Einfluss Sibilets geltend.
Doch die Vorschriften der Plejade fanden in kurzer Zeit eine allgemeine Verbreitung. Fast alle Dichter schlossen sich der neuen Richtung auf das Engste an. Ronsard wurde in Frankreich als der bedeutendste Dichter gefeiert; die Blüte seiner Schule war aber nur von kurzer Dauer. Die Reform Malherbes[1]) machte der Plejade ein Ende, nachdem dieselbe ungefähr ein halbes Jahrhundert ihre Herrschaft ausgeübt hatte. Jedoch ist uns leider keine Verslehre dieses Reformators überliefert. Die Bemerkungen, welche er an den Rand eines Exemplars der Werke von Philippe Desportes setzte (vgl. *Grands écrivains de la France 17*), sind das einzige Zeugnis seiner kritischen Thätigkeit in der poetischen Technik. Wir finden aber hier zu wenig Anhaltspunkte für unsere Sache, um Malherbes Ansicht genau feststellen zu können. Brachte ja Desportes als Anhänger der Plejade den homonymen Reim nur wenig zur Anwendung und konnte so dem Kritiker keine hinreichende Gelegenheit gegeben werden, sich über diesen Punkt entschieden zu äussern. So treffen wir denn in den Werken von Desportes nur zwei Stellen an, wo Malherbe seine Ansicht im Gegensatz zu der von Desportes kundgiebt. Er verwirft zunächst den Reim folgender Verse:

„*Se saure à la beauté qui domine mes sens*
Et la tout assuré rit des maux que je sens."
indem er sagt: „*Cette rime ne vaut rien*".

---

[1]) Vgl. die Schriften von Groebedinkel u. Kalepky.

Hieraus darf man wohl folgern, dass Malherbe Wörter, welche demselben Stamme angehören, nicht zulässt im Reime, wenn ihre Verwandtschaft mit einander noch gefühlt wird. Dass er solche Reimwörter, deren Verwandtschaft nicht mehr gefühlt wird, duldet, zeigt eine Stelle, wo *point* (Subst.) und *point* (Neg.) reimen, ohne dass er irgend eine Bemerkung gemacht hat:

„*Courrière du Soleil, tu devois de tout point*
Devers notre horizon ce jour n'arriver point."

Für diese Ansicht Malherbes finden wir ein schönes Zeugnis in Racans (Schüler Malherbes) „*Vie de Malherbe*" (vgl. *Grands écrivains de la France* 14):

„*Il* (Malh.) *ne voulait pas qu'il* (Rac.) *rimât les mots qui avoient quelque convenance. La raison qu'il disoit pourquoi il falloit plutôt rimer des mots éloignés que ceux qui avoient de la convenance est que l'on trouvoit de plus beaux vers en les rapprochant qu'en rimant ceux qui avoient presque une même signification ; et s'étudioit fort à chercher des rimes rares et stériles sur la créance qu'il avoit qu'elles lui faisoient produire quelques nouvelles pensées, outre qu'il disoit que cela sentoit son grand poète de tenter les rimes difficiles qui n'avoient point encore été rimées.*

Dies zeigt uns auch die Untersuchung Groebedinkels. Derselbe sagt: 1. Bei Malherbe gilt das Gesetz, nicht Wörter mit sich selbst zu reimen im vollen Umfange. 2. Reime zwischen Wörtern, die demselben Stamme angehören, werden von Malherbe nur dann zugelassen, wenn deren Verwandtschaft mit einander durchaus nicht mehr gefühlt wird.

Die Regeln, wie Malherbe sie aufstellte, sind zur allgemeinen Gültigkeit gelangt und haben sich bis heute erhalten. Wenn aber auch die Verslehren von der Zeit Malherbes bis auf den heutigen Tag in diesem Punkte stets dieselben Regeln anführen, so sind diese in der Praxis doch nicht immer befolgt worden, und man kann auch hier sagen: „Die Theorie deckt sich nicht stets mit der Praxis".

Für eine Zusammenfassung dieser Regeln, wie sie heute bestehen, sind vollständig zutreffend die Worte von Lubarsch[1]): „Je vollständiger der Gleichklang reimender Wörter ist, um so wohlklingender ist der Reim für das französische Ohr. In der deutschen Sprache muss im Reim zu dem Reiz der Wiederholung derselben Wortendungen auch der Reiz des Gegensatzes treten, der durch die Verschiedenartigkeit der Anfangskonsonanten entsteht, so dass hierdurch der Reim gleicher Wörter auch bei verschiedener Bedeutung, wie z. B. wagen und Wagen, unstatthaft wird. In der französischen Sprache hingegen ist der einzige erforderliche Gegensatz reimender Wörter der des Inhalts, so dass also gleiche Wörter bei verschiedener Bedeutung nicht nur einen zulässigen, sondern einen sehr guten und reichen Reim bilden. Wenn im Französischen die Subst. *pas* und *point* mit den Neg. *pas* und *point*, wenn das Adj. *présent* (gegenwärtig) mit dem Subst. *présent* (Geschenk) reimt, so sind diese Wörter durch die ganz verschiedene Bedeutung in einen Gegensatz getreten, der ihren gemeinschaftlichen Ursprung vergessen lässt und ihnen den Eindruck ganz verschiedener Wörter verleiht. Noch mehr muss dies der Fall sein, wenn die Wörter etymologisch verschiedener Herkunft sind, weil damit notwendig eine gänzliche Verschiedenheit der durch sie dargestellten Begriffe verbunden ist, wie z. B. *la nue* (Wolke) und *nue* (nackt) oder *livre* (Buch) und *livre* (Pfund). Ob solche Worte sich auch noch durch die Orthographie unterscheiden, wie z. B. *choeur*: *coeur* und *auteur*: *hauteur*, ist für die Auffassung des Charakters der Reime gleichgültig. Fordert hiernach die französische Sprache für den Reim neben der Gleichheit im Klang durchaus keinen damit parallel laufenden Gegensatz im Klang, so hält sie dafür an dem Gegensatz der Bedeutung reimender Wörter mit grosser Zähigkeit fest."

Nach der oben angegebenen Haupteinteilung habe ich in Folgendem die Zählung der Reime vorgenommen. Die erste

[1]) Vgl. E. O. Lubarsch: Französ. Verslehre S. 245. Berlin 1879.

Kolonne der nachstehenden Tabelle enthält die Titel der untersuchten Gedichte; die nächstfolgende Vertikalkolonne (α) enthält die Zahl der durchschnittlich in je 100 Versen der einzelnen Gedichte sich vorfindenden Reime der Klasse α; die folgenden Kolonnen ganz ebenso die relative Häufigkeit der aufgestellten Klassen.

	α	β	γ
	%	%	%
Roman de Renart (hg. v. E. Martin. Strassburg 1882—87). XIV.	1,3	0,4	1
Renart. Mt. XII.	1	0,8	0,4
Messire Gauvain ou la vengeance de Raguidel I. — V. 1500 (p. p. C. Hippeau. Paris 1862).	0,4	1,1	0,7
Renart. Mt. XVIII.	—	—	1,5
Renart. Mt. Va.	—	1,4	2
Adenet li Rois: Roman de Cleomades (p. p. van Hasselt. Bruxelles 1865—66) — 5000 V. —	—	0,9	0,7
Clef d'amors (p. p. Doutrepont in Bibl. Norm. V).	0,5	2,4	1,5
Roman d'Eustache le Moine (p. p. Michel. Paris 1834).	0,6	0,8	1,5
Renart. Mt. XI.	1,5	1,7	1,8
Guillaume de Palerne (p. p. H. Michelant. Paris 1876) — 2000 V. —	0,5	0,8	1
Dit de l'empereur Coustant (p. p. Wesselofsky. Romania VI. 162).	—	2,3	3,3
Bible Guiot de Provins (Barbazan et Méon: Fabliaux. tome II. 307).	0,4	1,5	1,3
Renart. Mt. XXI.	4	—	—
Le Bestiaire de Gervaise (p. p. P. Meyer Romania I. 426).	0,5	0,8	—

	α. %	β. %	γ. %
Raoul de Houdenc [1]): Meraugis de Portlesguez (p. p. H. Michelant. Paris 1869) — 2000 V. —	0,5	2,0	3,0
Ysopet de Lyon (hg. v. W. Foerster. Heilbronn 1882).	—	1,1	1,3
De Boivin de Provins p. Courtois d'Arras. (Barb. et Méon. III. 357).	—	1,7	3,7
La vie de Saint-Alexis (p. p. G. Paris. Romania VIII 163).	—	0,6	0,8
Renart. Mt. XIII.	1,4	0,8	0,6
Renart. Mt. XII.	1	0,8	0,4
Renart. Mt. VII.	0,7	1	1,2
Messire Gauvain II; (s. o.).	1,1	2,4	2,3
Roman de Ham (p. p. Michel.)	0,9	1,7	3
Renart. Mt. I.	—	0,9	0,9
Renart. Mt. XVI.	0,4	1	1
Renart. Mt. X.	0,5	1	1,5
Du Prestre d'Alison (Barb. et Méon. IV. 427).	2,2	2,6	5,3
Les rues de Paris (ebd. II. 257).	2,2	4	4
Renart. Mt. IV.	—	—	1,7
Blonde d'Oxford et Jean de Danmartin (p. p. Le Roux de Lincy. London 1858.) — 2000 V. —	4,3	2,7	1,3
Chrestien de Troyes: Erec und Enide (hg. v. W. Foerster. Halle 1890).	—	0,6	1,7
[1]) Le Songe d'Enfer (p. p. Scheler: Trouvères belges. Nouv. serie. 1879).	0,6	3,5	2,3
Li Romans des Eles. ebd.	0,6	0,8	3,3
Le Songe de Paradis. ebd.	0,5	2	2,4

	α.	β.	γ.
Combat de St. Pol contre les Carnois (p. p. Scheler: Trouvères belges du XIIe au XIVe siécle. Bruxelles 1876).	1,4	0,6	1,7
Chrestien de Troyes: Der Löwenritter (Yvain), (hg. v. W. Foerster. Halle 1887).	—	0,5	1,6
Renart. Mt. VI.	—	0,5	1,4
Chr. de Troyes: Le Roman du chevalier de la charrette (p. p. Tarbé. Reims 1849) — 5740 V. —.	0,2	1,2	1,6
Du denier et de la brebis (p. p. Jubinal: Nouveau recueil de contes, dits, fabliaux etc. Paris 1839. II. 264).	—	—	2,7
Renart. Mt. IX.	—	0,5	2
Le Credo au Ribaut (p. p. Barb. et Méon. IV. 445).	—	4,4	1,8
Renart. Mt. II.	—	0,9	0,6
Renart. Mt. XXIII.	—	0,4	1,2
Renart. Mt. III.	—	0,8	1,6
Dit des moustiers (p. p. Jubinal: Nouv. Rec. II. 102).	3,1	7	9
Renart. Mt. XVII.	0,5	2,6	2,6
Du prestre c'on porte ou la longue nuit (Barb. et Méon. IV. 20).	0,5	1,9	2,4
Du Bouchier d'Abbéville p. Eust. d'Amiens) ebd. IV. 1).	1,7	1,7	4,1
Roman de Mahomet p. Alexandre du Pont (p. p. Reinaud et F. Michel. Paris 1831).	0,5	1,4	1,1
Del Tumbeor Nostre Dame (hg. v. W. Foerster. Romania II).	0,9	3,5	3

	α. %	β. %	γ. %
Lai d'amors p. Girard. I V. 1—292 (p. p. G. Paris. Romania VII. 407).	—	3,4	3
Lai d'amors II. V. 293—518 (s. o.).	—	6,2	2,7
Vie de Saint-Jean Bouche d'or (hg. v. A. Weber. Romania VI. 328).	—	1,4	2,7
Roman de Robert le Diable (p. p. G. S. Trebutien. Paris 1837) — 3000 V.	0,2	1,2	1
De Sire Hain & de Dame Anieuse p. Hugues Tiaucele (p. p. Barb. et Méon. III 580).	3,3	3	4,8
Li romans de Dolopathos (p. p. Ch. Brunet et A. de Montaiglon. Paris 1856) — 3000 V.	—	2	1,4
Du vair palefroy p. Huon le roy (p. p. Barb. et Méon. I. 164).	0,6	2,2	1,5
Du Chevalier au Barizel (ebd. I. 208).	1,4	1,2	2
Des Tresces p. Guerin (ebd. IV. 193).	3,7	6,9	2,3
La senefiance de l'ABC p. le Rois de Cambrai (p. p. Jubinal: Nouv. Rec. II. 275).	7	9	13
Gautier de Coincy: Les Miracles de la Sainte Vierge (p. p. Poquet. Paris 1857) — 3000 V.	1	3,8	3,5
Roman de la Rose. I. p. G. de Lorris (p. p. F. Michel. Paris 1864).	—	1,5	3
Ruteboeuf (p. p. Jubinal: Oeuvres complètes de R. Paris 1839) — 3000 V.	—	3,2	4,5
Dit du Roy (Jubinal: Nouv. Rec. I 392).	—	8	6
Dit du Buffet (p. p. Barb. et Méon. III. 264).	—	—	13,6

	α.	β.	γ.
	⁰/₀	%	⁰/₀
Chi commence uns miracles de Nostre Dame (ebd. I).	—	4,9	2,2
Jean de Condé (p. p. Scheler: Dits et contes de Baudouin de Condé et de son fils Jean de Condé. Bruxelles 1866—67) — 4600 V.	—	6,4	6,4
Li Dis dou vrai aniel (hg. v. A. Tobler, zweite Auflage. Leipzig 1884).	—	4,7	4,7
Jacques de Baisieux (p. p. Scheler: Trouv. belges)			
— Des trois chevaliers.	—	2,6	3,1
— Le Dis de l'Espée.	—	4,4	1,7
— C'est des filz d'amours.	—	1,8	0,9
Gauthier de Long (p. p. Scheler: Trouv. belges).			
— La Veuve.	—	3,6	10,4
Baudouin de Condé (p. p. Scheler; s. o.) — 3700 V.	—	7,7	9,4
Roman de la Rose. II. p. Jean de Meung (s. o.).	—	3,4	2
Le bacheler d'armes (p. p. Jubinal: Nouv. Rec. I. 327).	3,3	6,7	3,3
Dit de gentillece (ebd. II. 50).	2	15	10,7
Du variet (p. p. Barb. et Méon. II. 420)	—	5,1	7,2
Miracle de Nostre Dame (ebd. II. 427).	—	4,4	2,6
Du chevalier à la robe vermeille (ebd. III. 272).	—	7	2,6
Lapidaire de Modène (p. p. Pannier: Les lapidaires français du moyen âge des XIIe, XIIIe et XIVe siècles.	—	2,2	1,1
Lapidaire de Berne (s. o.).	—	0,8	1,2

	α. %	β. %	γ. %
Froissart (p. p. Scheler: Poésies de Froissart. Bruxelles 1870—72. Bd. I).			
— Le Paradys d'amours.	—	3,6	2
— Li Orloge amoureux.	—	5,5	1,2
— L'Espinette amoureuse.	—	2,5	2,6
— La Prison amoureuse.	—	4,4	3,3
Machaut: Livre du Voir-Dit. (p. p. la société des bibliophiles franç. Paris 1875) — 3000 V.	—	5,2	2,8
Christine de Pisan (p. p. M. Roy: Oeuvres poétiques de Chr. de Pisan. Paris 1886—91 — S. d. a. t.).			
— Epistre au Dieu d'Amours.	1,5	2,7	0,8
— Le Dit de la Rose.	2,6	3	1,9
— Le Dit de la Pastoure.	1,2	2,7	4
Eust. Deschamps (p. p. le marquis de Queux de Saint-Hilaire & G. Raynaud: Oeuvres complètes d'Eust. Deschamps. Paris 1878—90, bezw. 1891—93 — S. d. a. t.).			
— La Farce de Mestre Trubert.	1,2	5	3,4
— Le Miroir de Mariage (6000 V.).	—	1	1,4

Nachdem wir das Wesen des homonymen Reimes im Einzelnen kennen gelernt haben, werden wir auf Grund einer Durchsicht zahlreicher, den verschiedenen Gebieten der Poesie angehöriger altfranzösischer Werke die wichtige Frage zu prüfen haben, ob der homonyme Reim stets gleichmässig angewandt worden ist, oder ob er sich allmählich entwickelt, die Einwirkungen etwaiger Umstände erfahren und daher in seiner Güte und Anwendung verschiedene Perioden aufzuweisen hat.

Die ersten Anfänge des homonymen Reimes fallen in das 12. Jahrhundert, und man kann sagen, dass mit dem Auftreten der höfischen Kunstpoesie, wo der reiche Reim immer mehr ausgebildet wurde, auch ein bewusstes Streben nach dem homonymen Reime sich bemerkbar macht. Bevor ich jedoch seine Entwicklung im Französischen weiter verfolge, will ich in kurzen Zügen untersuchen, ob der homonyme Reim aus der lateinischen, speciell mittellateinischen Poesie entlehnt ist, oder ob er sich im Französischen selbst entwickelt hat.[1)]

Der homonyme Reim ist sicherlich aus dem Bestreben hervorgegangen, am Ende der Verse zwei oder mehrere Silben in Gleichklang zu setzen, d. h. aus dem rührenden Reime. Der gewöhnliche Vokalreim oder auch Assonanz ist schon im Lateinischen vorhanden und begünstigt durch die volltönenden Endungen. Derselbe erstreckt sich denn auch meistens nur auf die tonlosen vokalischen Wortausgänge und unterscheidet sich somit wesentlich von der romanischen Assonanz und dem Reim, die den Gleichklang der letzten Tonvokale verlangen. Besonders die volkstümliche lateinische Poesie muss diesen Reim gebraucht haben und dies vorwiegend in den „reimenden Verbindungen", wo die reimenden Wörter unmittelbar, kopulativ oder disjunktiv verbunden wurden. Bei Plautus, dem Dichter des Volkes, findet sich eine ziemliche Anzahl von Reimen dieser Art, die gewöhnlich in bestimmten, der Volkssprache angehörenden Formeln und Redensarten angetroffen werden.

[1)] Für diese Untersuchung sind hauptsächlich verwandt: W. Grimm: „Zur Gesch. des Reimes". Wölfflin: „Der Reim im Lateinischen" in „Archiv für lat. Lexikographie und Grammatik". Bd. I. Leipzig 1884. Ferner W. Meyer: „Anfang und Ursprung der lat. u. griech. rhythm. Dichtung" in den „Abhandlungen der kgl. bayer. Akademie der Wissenschaften". München 1886. Stengel: „Romanische Verslehre" in Gröbers Grundriss Bd. II.

Die klassische Poesie hingegen hat nach Wölfflin hierin nichts geleistet, d. h. nichts leisten wollen. Dadurch lässt sich auch die auffallende Erscheinung, dass die Afrikaner diesen Reim besonders zur Ausbildung bringen, erklären; sie richten nämlich ihre Schriften nicht an die gebildeten heidnischen Römer, sondern sie suchen die ungebildeten Christen zu belehren und mussten deshalb in volkstümlicher Sprache schreiben. So kommen obige Verbindungen häufig vor bei Apuleius, Tertullian, Commodian und Augustin; bei Arnobius und Cyprian begegnet man ihnen seltener, da sie die Heiden von ihren Thorheiten überzeugen wollten und sich mithin der korrekteren Sprache, die den Reim nicht annahm, bedienten. Die andere Ansicht Wölfflins, dass diese christlichen Afrikaner in betreff des Reimes auch durch die Bibel beeinflusst worden seien, ist von Meyer und Stengel zurückgewiesen worden.

Der Glieder- oder Satzreim, wo Satzglieder oder Sätze durch Gleichklang geschlossen werden, kommt für die älteste Poesie der Römer nur am Schlusse der beiden Hälften des Saturniers zur Geltung. Man findet ihn aber selten und nur als Flexionsreim, so dass der Gleichklang nicht die Wurzelsilbe erfasste. Auch als später der Saturnier durch den Hexameter ersetzt wurde, verteilte sich der Glieder- oder Satzreim hauptsächlich noch auf die beiden Hälften desselben. Erst allmählich begann man die Endungen zweier Hexameter durch den Reim zu verbinden; derselbe beschränkt sich aber ebenfalls noch auf die Flexionssilben. Infolgedessen finden wir den rührenden und den mit ihm eng zusammenhängenden homonymen Reim im klassischen Latein höchst selten. Lucretius ist nach Grimm der erste lateinische Dichter, welcher den rührenden Reim, wenn auch sehr selten, anwendet. Ebenso ist es mit dem homonymen Reim, der zudem noch in seiner schlechtesten Form auftritt, nämlich in der Wiederholung desselben Wortes. So wiederholt sich bei Lucr. I 393 *ante*, III 357 *aero*, VI 684 *aër*, — 823 *aestus*. Bei Catullus ist der zweisilbige Reim seltener, daher auch der homonyme.

Nicht anders ist es bei Vergilius. In Aen. VII 653 reimt *esset* mit sich selbst; Aen. VIII 396 *fuisset*, Bucol. X 53 *amores*, Georg. I 407 *auras*. Auch Horatius verwendet im Ganzen den rührenden Reim selten; der Wiederholung mehrerer Reimwörter begegnen wir in Satir. 1, 3, 9:

*nil aequale homini fuit illi, saepe velut qui
currebat fugiens hostem, persaepe velut qui,*

I, 6, 45:

*nunc ad me redeo libertino patre natum
quem rodunt omnes libertino patre natum.*

Epist. II, 2, 149:

*si volmus tibi monstrata radice vel herba
non fieret levius, fugeres radice vel herba.*

Bei Ovidius zeigt sich der rührende Reim öfter, besonders in dem häufigeren Gebrauch der Genetivendungen -*orum*, -*arum* und zwar vorwiegend, wie Grimm meint, in den Gedichten aus der Zeit der Verbannung. Auch die Wiederholung mehrerer Wörter treffen wir in seinen Werken an. Bei den Dichtern der ersten Jahrhunderte nach Christus findet sich dasselbe Verhältnis. Nur Martialis wiederholt dasselbe Wort etwas häufiger im Reime, obwohl der rührende Reim bei ihm ebenso selten ist. In der folgenden Zeit bis zum 6. Jahrhundert scheint der Reim überhaupt eher abgenommen als zugenommen zu haben, und der Grund hierfür, wie Grimm wohl richtig annimmt, in dem Verfall der Sprache und in der geringen Kunstfertigkeit der Dichter zu liegen. Merkwürdigerweise sind es aber gerade wieder die oben genannten christlichen Schriftsteller, welche häufig kräftige und mehrsilbige Reime gebrauchen, die auch die Wurzelsilben ergreifen. Besonders gut gepflegt hat den Glieder- und Satzreim Augustin. Der homonyme Reim kommt aber noch nicht zur Geltung. Ebenso wenden den Reim nicht selten an die Hymnendichter Damasus, Ambrosius, Venantius Fortunatus. Die Ursache für diese Erscheinung ist wohl dem Umstande zuzuschreiben, dass diese Dichtungen die ersten Merkmale des silbenzählenden Princips aufweisen, was höchst wahrscheinlich mit dem auf Seite 41 von den christlichen Dichtern Erwähnten in Verbindung steht. So hängen sicherlich Reim und Assonanz mit der Verdunklung des quantitierenden Princips und dessen Ersatz durch das silbenzählende zusammen¹). Mit Recht sagt denn auch Meyer (385), dass der Reim für die silbenzählende Poesie ein fast notwendiges Mittel sei²). In der silbenzählenden französischen, italienischen und spanischen Dichtung hat sich daher der Reim bis auf unsere Tage erhalten. Und von jetzt an, sagt Wölfflin (S. 372), wird die Kirche Trägerin des Reimes. In der profanen Litteratur blieb der Reim bis in die karolingische Zeit ausser Gebrauch.

Bei Alcuin (735—804), Hraban (776—856), Walahfrid Strabo (807—856) ist noch kein Fortschritt des Reimes bemerkbar. Sehr selten ist der zweisilbige Reim; um so weniger darf man also den homonymen Reim in den Werken dieser Zeit erwarten. Das erste Denkmal, welches den entschiedenen Gebrauch des Reimes zeigt, ist die Gedichtsammlung des Constanzer Bischofs Salomon († 919). Auch der zweisilbige Reim ist vorgedrungen. Doch der Waltharius, welcher von Ekkehard zwischen 920—40 verfasst wurde, hat nur zum kleinen Teil gereimte Verse und steht somit den Gedichten des 8. Jahrhunderts näher. In dem Gedichte der Nonne Hrotsvith († 984), *carmen de gestis Odonum*, erscheint der Reim in voller Geltung; im Interesse des Reimes erlaubt sie sich viele sprachliche Abweichungen³). Der zweisilbige Reim ist nicht selten. In dem ersten Gedichte des Mönches Fromund zu Tegernsee, der am Anfange des 11. Jahrhunderts dichtete, hat der Reim zwar entschieden das Übergewicht, fehlt aber

---

¹) Vgl. Stengel: „Roman. Verslehre" S. 25.
²) Zu weit geht Umberto Ronca, der behauptet, dass der Reim sich aus dem silbenzählenden Princip entwickelt habe; vgl. Umb. Ronca: *„Metrica e ritmica latina nel medio evo".* Roma 1890. *(Parte prima: Primi monumenti ed origine della poesia ritmica latina.)*
³) Vgl. Einleitung zu der Ausgabe von Barack. Nürnberg 1858.

immerhin häufig, besonders der zweisilbige. Weit vorgerückt ist jedoch der zweisilbige Reim in dem Gedichte Ruodlieb, das von Schmeller dem Fromund zugeschrieben, von Seiler[1]) demselben aber abgesprochen wird. Nicht aber ist dieser Fortschritt bei dem homonymen oder identischen Reime aufzuweisen, der, wie bei den Klassikern, nur hier und da zufällig auftritt. In den lateinischen Sprichwörtern, die Wippo um 1027 28 schrieb, ist in 78 Zeilen nur einmal der einsilbige, sonst überall der zweisilbige angewandt. In einem Gedichte des Hermanus Contractus († 1054) herrscht indess der einsilbige noch entschieden vor. Zur Herrschaft ist der zweisilbige Reim völlig gelangt in den Eklogen des Metellus von Tegernsee, die um die Mitte des 12. Jahrhunderts anzusetzen sind; ebenso durchgeführt wurde derselbe in zwei Gedichten des Archipoeta, der mindestens bis zum Schlusse des 12. Jahrhunderts gelebt hat. Zur Zeit des Archipoeta entstand auch eine Umschreibung der *Disticha Catonis*, deren Reime ohne Ausnahme zweisilbig und rein sind. Wir sehen also, dass der zweisilbige Reim erst in der zweiten Hälfte des 12. Jahrhunderts festen Fuss gefasst hat. Aus dem Angeführten erhellt nun, dass der einsilbige Reim, welcher schon im klassischen Latein zuweilen vorkommt, vom Schlusse des 9. Jahrhunderts an zunimmt und in stetigem Vordringen begriffen ist. Im 11. Jahrhundert kommt der zweisilbige mehr und mehr zur Geltung und strebt nach der Herrschaft[2]); diese fällt ihm in der zweiten Hälfte des 12. Jahrhunderts zu, in einer Zeit, wo auch der französische Reim schon grosse Fortschritte gemacht hatte. Im 13. Jahrhundert treten dann weitere Künsteleien hinzu, unter ihnen der homonyme und equivoke Reim im engern Sinne. So findet sich in den handschriftlich aus dem 13. Jahrhundert stammenden *Carmina burana* (hg. von Schmeller) der identische Reim ziemlich häufig; auch homonyme Reime der Klasse γ und δ

---

[1]) Vgl. Ztschr. für deutsche Philologie. Bd. 14 S. 405.
[2]) Vgl. auch Meyer S. 384.

kommen vor, wie z. B.: *mundus* (Sbst. u. Adj.), *celi : ;eli*, *malo* (Sbst. u. Adj.), *solo* (Sbst. u. Adj.), *legi* (Sbst. |Dat. v. *lex*| u. Vb.), *vita* (Sbst. u. Vb.). Nach Feststellung der Thatsache, dass der zweisilbige Reim erst in der zweiten Hälfte des 12. Jahrhunderts vorherrschend wird, bin ich der Ansicht, dass der französische homonyme Reim und der mehrsilbige d. h. rührende Reim nicht direkt aus dem Lateinischen entlehnt sind, sondern dass die Franzosen nur die Assonanz und den gewöhnlichen Reim dem Lateinischen entnommen haben; dagegen entwickelten sich die Reimkünste, unter ihnen auch der homonyme Reim in der französischen und mittellateinischen Poesie zu derselben Zeit; der Grund dieser gleichmässigen Weiterentwicklung liegt nach meiner Ansicht in der Geschmacksrichtung der damaligen Zeit. Die Wiederholung desselben Reimes im Lateinischen darf doch wohl nicht von Einfluss auf den französischen homonymen Reim gewesen sein, wenn man bedenkt, dass auch diese Reimart noch so selten im Lateinischen auftrat; ferner ist der Umstand in Erwägung zu ziehen, dass im Lateinischen nur der identische Reim vorkommt, dass aber Chrestien de Troyes, der um 1130—40 geboren wurde, schon durchweg gut homonym reimte und fast nie dasselbe Wort im Reime wiederholte. — Auch der mittelhochdeutsche [1]) homonyme Reim hat sich höchst wahrscheinlich ähnlich wie der französische entwickelt. Schon im 12. Jahrhundert sind Beispiele zu verzeichnen. Zur grossen Entfaltung kommt er erst im 13. Jahrhundert. — Die Bezeichnung „homonymer" Reim befindet sich nicht in der deutschen Metrik; der betreffende Reim wird hier stets zu den rührenden gerechnet. — Im 14—15. Jahrhundert begegnet man dem rührenden bezw. homonymen Reime im Allgemeinen noch wie früher; in der

---

[1]) Eingehend über den rührenden, bezw. homonymen Reim im Mittelhochdeutschen handelt Grimm in seiner Schrift: „Zur Gesch. des Reimes". Vgl. auch Pauls Grundriss 2¹ S. 967 etc. Wackernagel: „Die Anfänge lat. profaner Rhythmen des Mittelalters" in Ztschr. für deutsches Altertum. N. F. III.

Tabulatur der Meistersinger aber wird er verpönt. Dort heisst es — vgl. Wagenseil: „Bericht von der Meistersinger Kunst" (S. 52) — unter: „Von den XXIII Fehlern, welche können begangen werden und deren Straffen: Cap. XIV. Aequiuoca oder zweideutige Wörter sind ein Fehler wail zwey oder mehr Wörter an den Bund-Reimen einerley Buchstaben und doch meherley Bedeutung haben. Als: Stecken ein Stab und stecken in etwas vertieft seyn: Ein Aequinocum straft man für 4 Sylben." — Ziemlich häufig sind die equivoken Reime auch bei den provenzalischen Dichtern. Zeitweilig waren sie in Italien und Spanien sehr beliebt. In der altportugiesischen Kunstpoesie finden sich sogar viele Gedichte, in denen derselbe im Übermass verwandt wurde [1]).

Seit der Zeit des Chrestien de Troyes entwickelte sich der französische homonyme Reim ziemlich gleichmässig. Am Anfange des 13. Jahrhunderts finden wir ihn in bestimmten Dichtungsarten, welche wir noch angeben werden, schon ziemlich häufig. Im Verlaufe des 13. Jahrhunderts nimmt er noch zu, bis er in der zweiten Hälfte, besonders gegen Ende desselben sowohl in Bezug auf die Regelmässigkeit in den betreffenden Dichtungsarten, als auch in betreff der Anzahl und Güte seinen Höhepunkt erreicht. So bleibt es ungefähr bis zur Mitte des 14. Jahrhunderts und mit einiger Veränderung bis zum Ende der altfranzösischen Zeit, das in die erste Hälfte des 15. Jahrhunderts fällt [2]); dann aber nimmt er wieder ab

---

[1]) Vgl. Stengel: Roman. Verslehre S. 67—68. Wolf: Stud. zur Gesch. der span. u. port. Litt. S. 210.

[2]) Vergleichen wir hiermit die Worte Toblers (Vom französ. Versbau" S. 147): „Bei den altfranzösischen Dichtern sind Reime von echten Homonymen ebenso häufig wie bei den heutigen oder vielleicht häufiger", so sehen wir, wie notwendig eine nähere Untersuchung des homonymen Reimes war. Tobler war also selbst noch im Zweifel über das Verhältnis der altfrz. und nfrz. Zeit in betreff dieses Reimes, indem er sagt: „ebenso häufig, oder vielleicht häufiger". Die weitere Untersuchung wird indess ergeben, dass hierin zwischen der altfrz. und nfrz. Zeit ein bedeutender Unterschied besteht.

und sinkt allmählich zu einem Reime niederer Ordnung (wenn wir uns dieses Ausdruckes bedienen wollen) herab. So bestand er fort, bis er am Anfange dieses Jahrhunderts durch die Romantiker, vor Allem durch Victor Hugo, wieder zu Ehren gebracht wurde.

Wenn wir uns jedoch die aufgestellte Tabelle betrachten, so erkennen wir, dass sich auch bei Dichtern aus der späteren altfranzösischen Zeit nur eine verhältnismässig geringe Zahl von homonymen Reimen findet; denn „Dit de l'empereur Constant" (Rom. VI) oder „Clef d'amors" weisen mehr homonyme Reime auf als der „Cleomades" von Adenet le Roi. Ähnliches ist zu sagen von „Du Prestre d'Alison" und „Li romans de Dolopathos". Dasselbe gilt von der Güte der Reime; denn zuweilen begegnen uns bei Dichtern des 12. Jahrhunderts gar keine schlechten homonymen Reime, während sie hingegen in einigen Werken des 13. und 14. Jahrhunderts ziemlich häufig vorkommen; vergleiche z. B. die Werke des Chrestien de Troyes und Blonde d'Oxford et Jean de Danmartin, welche Dichtung um 1285 entstand, oder „De Boivin de Provins" und „La Senefiance de l'ABC" etc.

In den epischen Dichtungen, zu denen auch die *lais* gehören, wie z. B. die von G. Paris in der Romania mitgeteilten, sowie die der Marie de France (herausgegeben von Warnke), kommt beinahe überhaupt kein homonymer Reim vor. Ebenso ist es mit den Reimchroniken. Der Hauptgrund liegt wohl darin, dass die Verfasser, wenn sie auch sonst, wie Wace, sehr korrekt sind, doch nicht darauf bedacht waren, einer verfeinerten Reimkunst zu huldigen; auch die grosse Ausdehnung ihrer Werke brachte es mit sich, dass sie die formale Seite ihres Dichtertalentes zu Gunsten des Inhaltes hintansetzen mussten. So ist in den grossen Reimchroniken von Wace und Benoît unser Reim niemals mit Absicht angewandt worden. In der so gewaltig umfangreichen „Chronique des ducs de Normandie" des letztern Dichters können wir nicht einmal von einem zufälligen Auftreten des homonymen Reimes sprechen;

denn bei der Durchsicht derselben begegnete mir bei wohl 1000 Versen kein einziges Beispiel. Auch in Werken didaktischen Inhalts finden wir den homonymen Reim zuweilen nur spärlich verwendet, so z. B. in den Fabeln der Marie de France. Ebenso, wenn auch nicht in demselben Masse, in dem „Bestiaire" de Gervaise. Der Lyoner Ysopet, der doch gegen die Mitte des 13. Jahrhunderts abgefasst ist, weist ebenfalls nicht viele homonyme Reime auf. Vergleiche hiermit einige Stücke aus Jubinals Nouveau Receuil, z. B. „Dit des moustiers" oder „Bible de Guiot de Provins" etc.

Aus der angeführten Tabelle ersehen wir jedoch, dass wir im Ganzen in den didaktischen Dichtungen, wie der Roman de la Rose, bei Baud. de Condé, Froissart und Andern, besonders aber in den Kunstepen den homonymen Reim am häufigsten antreffen. Auffallend ist das seltene Vorkommen desselben in den lyrischen Dichtungen. So fehlt er fast gänzlich in den von Wackernagel 1846 herausgegebenen altfrz. Liedern und Leichen, sowie in den altfrz. Romanzen und Pastourellen, die Bartsch 1870 veröffentlichte; nicht minder in den Liedern des Châtelain de Coucy, hrsg. von Fr. Michel (1830). Selbst in den lyrischen Gedichten derjenigen Dichter, welche den homonymen Reim in ihren andern Dichtungen ziemlich häufig anwenden, wie Ruteboeuf, Machaut, Deschamps und Chr. de Pisan, tritt derselbe nur hier und da zufällig auf. Hier muss die Ursache sicherlich anderswo gesucht werden. Überblicken wir nämlich eine Reihe altfranzösischer Werke, so zeigt sich, dass der homonyme Reim zumeist in paarweise gereimten Achtsilblern sich findet. Der Grund hierfür liegt wohl darin, dass, wie der Reim im Allgemeinen, so besonders der homonyme Reim ein Schmuck der Dichtung sein soll. Dieses kommt nun um so mehr zur Geltung, je näher die Reimwörter zusammengerückt sind, was besonders bei den Reimpaaren der Fall ist. Es findet sich derselbe zuweilen wohl in strophischen Dichtungen derart, dass vielleicht zwei- oder dreimal in der Strophe derselbe Reim vorkommt, wie bei

Rutebeuf, der gerade in seiner Blütezeit lebte; im Allgemeinen ist er aber in den strophischen Gedichten selten; daher kommt es, dass wir in den Gedichten des hervorragenden Lyrikers Charles d'Orléans fast keinen homonymen Reim finden.

Ferner kann es auch von der Bildung der Verfasser abhängen, in welcher Weise der homonyme Reim zur Anwendung kommt; sicherlich rühren Dichtungen, welche den guten homonymen Reim häufig aufweisen, von solchen Verfassern her, die für ein gewähltes Publikum schrieben, das für die grösseren Feinheiten der Reimbildung Verständnis hatte.

Chrestien de Troyes (geb. um 1130—40) scheint zuerst den homonymen [1]) Reim absichtlich zur Anwendung gebracht zu haben. Nach Holland [2]) hat er eine gelehrte Erziehung in einer Klosterschule genossen und seine Kenntnisse durch Bücher erweitert. Betrachten wir die oben erwähnten Zahlenverhältnisse, so sehen wir, dass diejenigen homonymen Reime, welche durch Wörter von demselben Ursprunge und von derselben Bedeutung gebildet werden, bei ihm vollständig fehlen. Während diese schlechten homonymen Reime auch dem weniger begabten Dichter zu Gebote stehen, so setzt doch die Anwendung wirklich homonymer Wörter — d. h. Wörter, die zwar denselben Ursprung, aber verschiedene Bedeutung haben, oder erst recht solcher, die verschiedenen Ursprungs und verschiedener Bedeutung sind — eine gute Kenntnis und Gewandtheit in der Sprache voraus. Beispiele sind angeführt auf den Seiten 8—9, 24, 26—27. So ist denn auch dem Dichter schon von seinen Zeitgenossen der Preis kunstvoller Rede zuerkannt worden [3]); man höre Huon de Meri im „Tornoiement Antecrist" zu Anfang:

---

[1]) Schon des Klerikers Benoit: „Reise des hl. Brandan" (verf. c. 1125) enthält einige homonyme Reime, die aber alle ausser einem *(dous* — Num.: Adj.) zur Klasse *a* gehören.

[2]) Vgl. Holland: Chrestien von Troyes, eine litteraturgeschichtl. Untersuchung, Tübingen 1854, S. 3—5.

[3]) Vgl. ebd. S. 257.

*Por ce que mort est Crestiens
De Troies, qui tant ot de pris
De trover, ai hardement pris
Por mot a mot mettre en escrit
Le tornoiement Antecrist.*

Besonders hervorzuheben ist noch, dass wir nicht bei Chrestien dieselben Reime so oft wiederholt finden; im Gegenteil, er bekundet eine grosse Mannigfaltigkeit und Korrektheit.

Den Chrestien nahm sich Raoul de Houdenc zum Vorbild, ohne jedoch dessen Kunstfertigkeit vollständig zu erreichen[1]). Immerhin finden wir in seinen Werken, wie auch im Songe de Paradis, der nach Zingerle[2]) R. de Houdenc abzusprechen ist, den homonymen Reim gerade nicht sehr selten angewandt.

Ein Streben nach guten homonymen Reimen lässt sich beobachten in dem Roman de la Rose. Beide Verfasser, G. de Lorris († 1240) und Jean de Meung (c. 1250—1305), deren dichterischer Ruhm sich weit über die Grenzen Frankreichs verbreitete, verwenden ihn ziemlich häufig und gut, ohne sich den übertriebenen Reimspielereien hinzugeben. Der identische Reim ist in ihrem Werke trotz der weiten Ausdehnung kaum zu finden. Beispiele siehe S. 8—9, 25, 26—27.

Hier mögen noch einige altfranzösische Gedichte erwähnt werden, die eine nicht unbedeutende Verschiedenheit in der Anwendung des homonymen Reimes aufweisen. Bei der Mehrzahl dieser Gedichte muss man auf verschiedene Verfasser schliessen. Sie sind von den ursprünglichen Verfassern unvollendet gelassen und haben dann einen oder mehrere Fortsetzer gefunden, die den homonymen Reim in verschiedenem Masse anwandten. Dadurch, dass man so diesen Reim als Kriterium gelten lässt, hat man ein weiteres Mittel für die

---

[1]) Vgl. Juncker: „Französ. Litteraturgesch."² S. 101, sowie Holland.

[2]) Vgl. Zingerle: „Über Raoul de Houdenc und seine Werke, eine sprachliche Untersuchung". Erlangen 1880. Diss.

Bestimmung der Verfasser, indem nämlich der Teil, welcher die besten und meisten homonymen Reime umfasst, dem Geiste eines Dichters von grösserer Bildung zuzuschreiben ist.

Dies haben wir zunächst in dem Epos „Messire Gauvain ou la vengeance de Raguidel". Das Gedicht zerfällt in zwei verschiedenen Verfassern angehörende Teile. In dem ersten finden wir den homonymen Reim nicht in der Weise verwandt, wie in dem zweiten; — vgl. Tabelle. — Wir können nicht annehmen, dass der Verfasser die homonymen Reime beabsichtigt hat. Anders verhält es sich mit dem zweiten Teile des Gedichtes, der mit dem Verse 3352 beginnt; derselbe zeigt uns den betreffenden Reim in hervorragender Anzahl, so dass wir daraus folgern müssen, der Verfasser habe dieselben gesucht. Wenn auch zuweilen derselbe Reim — z. B. *pas* (Subst.: Neg.), *non* (Subst.: Neg.), *cort* (Subst.: Vb.) — wiederholt wird, so kann man doch aus dem Ganzen erkennen, dass der Dichter sich bemüht hat, möglichst verschiedene Reime zu bringen. Der Verfasser des zweiten Teiles nennt sich Raoul und ist vielfach mit Raoul de Houdenc identifiziert worden. Zingerle suchte diese Ansicht zu widerlegen. Freymond will dagegen die Identität der beiden Verfasser nicht völlig aufgeben, da, wie er sagt, die Zahlenergebnisse betreffs der Reime sich für den zweiten Teil des Gauvain und für den Méraugis sehr nahe stehen. Auch der homonyme Reim ist in beiden Dichtungen ziemlich gleichmässig angewandt.

Für die eben erwähnte Klasse von Dichtungen darf nicht der Roman de Renart vergessen werden, dessen Verschiedenheit in der Reimweise deutlich erkennen lässt, dass er nicht das Werk eines einzigen Verfassers ist. Nach der verschiedenartigen Anwendung des homonymen Reimes sind im Roman de Renart dreierlei „branches" zu unterscheiden:

1. Solche, die auf frühere Zeiten zurückgehen, wo der homonyme Reim noch gar keine oder doch keine weitgehende Verbreitung gefunden hatte, 2. solche, die aus jüngerer Zeit

stummen, wo der homonyme Reim schon zur Geltung gekommen war, 3. solche, die als Umarbeitung älterer Werke zu betrachten sind und in ihrer verjüngten Fassung einer Zeit angehören, wo der homonyme Reim überhaupt schon hinlänglich angewandt wurde.

In den „branches" der zweiten und dritten Abteilung finden wir den homonymen Reim denn auch schon beabsichtigt zur Anwendung gebracht, während wir in den „branches" der ersten Art einzelne auftretende Beispiele als zufällig bezeichnen müssen. So sind die „branches" 9, 10, 11, 17, die schon eine sehr beträchtliche Zahl dieser Reime zeigen, wohl als „remaniements" aufzufassen, wohingegen andere, wie namentlich 18, 19, 20, 21 wohl aus alter Zeit stammen. Für das soeben Gesagte spricht auch der Umstand, dass die „branches" 9, 10, 11, wie überhaupt die des ersten Bandes von Martin, sich alle in den Haupthandschriften befinden, worauf letzterer Forscher in seiner Einleitung zur Gesamtausgabe des Roman de Renart hinweist; die andern sind dagegen alle isoliert aufgefunden. Beispiele homonymer Reime siehe auf den Seiten 8—9, 24, 26—27.

Ein Mann von feiner Bildung ist der Verfasser des „Roman de Dolopathos", Herbert, der im Anfange des 13. Jahrhunderts lebte. Wir finden zwar unter denjenigen Reimen, die der Klasse β angehören, einige Reimwörter häufiger wiederholt — z. B. wiederholt sich in dem untersuchten Teile *avoir* siebenmal, *parole* fünfmal —; es ist aber andrerseits zu bemerken, dass für die Klasse α sich überhaupt kein Beispiel vorfindet, und bei der Klasse γ keine Wiederholung zu verzeichnen ist.

Hier können auch einige dem Roi de Cambrai zugeschriebene kleinere Werke angeführt werden, nämlich das bei Jubinal (Nouv. Rec.) sich findende Gedicht: „Senefiance de l'ABC", sowie das von Barb. & Méon mitgeteilte: „De Sire Hain et de la Dame Anieuse". In diesen Gedichten ist der homonyme Reim als im hohen Masse beabsichtigt anzusehen, namentlich in ersterem. Vgl. auch Tabelle.

Wundern müssen wir uns jedoch, dass wir in dem „Cleomades" des Adenet le Roi — geb. c. 1240 —, der in der Blütezeit des homonymen Reimes dichtete, diesen Reim so selten antreffen. Zwar braucht er nur in einem Falle dasselbe Wort doppelt im Reime; aber die so geringe Anwendung der Reime von den Klassen β und γ muss doch ihren bestimmten Grund haben. Vielleicht liegt er in der Art des Stoffes, indem er zu sehr an seine Vorlage gebunden war, oder der Stoff war zu langschweifig, als dass er viel Sorgfalt auf die Reime hätte verwenden können.

Derselbe Grund mag wohl zutreffen bei dem von Alexandre Du Pont im Jahre 1258 verfassten „Roman de Mahomet", der den homonymen Reim zwar häufiger anwandte, jedoch nicht in dem Masse, wie wir es der damaligen Zeit entsprechend erwarten könnten.

Nicht näher eingehen wollen wir auf eine Menge kleinerer Gedichte aus den Sammlungen von Barbazan & Méon und von Jubinal, für welche wir die Prozentziffern in der Tabelle angegeben haben, zumal da die Namen ihrer Verfasser meist unbekannt sind.

Bevor wir aber die Betrachtung über die Blüteperiode des homonymen Reimes mit ihrem letzten Repräsentanten, Froissart, schliessen, wollen wir es nicht unterlassen, einige Dichter zu besprechen, welche den homonymen, sowie auch den equivoken Reim im engern Sinne so viel als möglich anwenden. Es sind Gautier de Coincy, Rutebeuf und Baudouin de Condé.

Gautier de Coincy [1], der 1177 geboren wurde, ist häufig als einer der grössten Reimschmiede verschrieen worden, der die Reimkünsteleien, wie z. B. die übertriebenen Arten des equivoken Reimes im engern Sinne überall anwende, wo es nur möglich wäre; diese equivoken Reime finden sich im

---

[1] Vgl. Tobler: „Vom franz. Versbau" S. 148.

Gegenteil nicht allzu oft in seinen Werken. Man darf auch nicht bei der Beurteilung seines Reimens die Geschmacksrichtung der damaligen Zeit vergessen, in deren Wesen es lag, möglichst auffallend zu reimen; denn dadurch konnten die Dichter leicht die Gunst des Publikums gewinnen. In dieser Reimsucht ist auch seine zwar nicht lobenswerte Gewohnheit begründet, die Gedichte durch Künsteleien zu schliessen, um gleichsam dem Ganzen einen guten Abschluss zu verleihen [1]). So schliesst der Verfasser in dem „Miracle de Notre Dame" (Poquets Ausgabe S. 154) mit den Reimen:

fin: fin, affine: fine, affinera: finera, finement: définement, finée: finée, fins: fins, définer: finer.

Ebenso in dem „Miracle du riche homme et de la povre viellette" (ebd. S. 442):

demors: mors, mordre: desamordre, sa mort: s'amort, amorsure: morsure, s'amordra: mordra, morrunt: morrunt.

Andrerseits muss bemerkt werden, dass man nicht selten dieselben Wörter (unter *a*) im Reime antrifft, und bei den andern Arten (*β* und *γ*) dieselben sich wiederholen. Jedoch lässt sich für diese beiden Einwürfe als Entschuldigung die ungeheuer weite Ausdehnung des Werkes anführen.

Einen ähnlichen Umfang haben die Reimkünsteleien und besonders die equivoken Reime im engern Sinne angenommen in den Werken Rutebeufs, der von 1230 bis c. 1280 lebte. Dies zeigt sich hauptsächlich in dem Gedichte: „La vie de sainte Marie l'Egiptianne", wo die equivoken Reime von den homonymen an Zahl übertroffen werden. Unter letzteren findet sich nie ein Beispiel von der Klasse *a*[2]).

Weiter als diese beiden Dichter geht noch Baudouin de Condé[3]), dessen Gedichte grösstenteils wohl aus der zweiten

---

[1]) Vgl. Freymond: „Über d. reichen Reim" S. 200).
[2]) Vgl. auch L. Jordan: „Metrik u. Sprache Rutebeufs". Diss. Göttingen 1888.
[3]) Vgl. Freymond S. 201, Tobler S. 148.

Hälfte des 13. Jahrhunderts stammen. Er hat nicht nur in dem equivoken Reime im engern Sinne Ungeheures geleistet, sondern von den bis jetzt besprochenen Dichtern am meisten darauf hingearbeitet, Reimwörter der Klasse β und γ zu gebrauchen. Es wird dem Leser, ja dem Herausgeber seiner Werke selbst nach eigenem Geständnis oft schwer, den Sinn dieser Wörter herauszufinden. Geradezu Grossartiges leistet er sich in dem Stücke VII und VIII der Schelerschen Ausgabe. So sagt denn auch Scheler in seiner Ausgabe (S. 421) bezüglich des VII. Gedichtes:

Ce poème est écrit en vers équivoques (equivoker Reim im engern Sinne und homonymer Reim), *dans la facture desquels B. de Condé s'est particulièrement complu et a atteint une habileté peu commune. Il va sans dire que ces tours de force nuisent souvent au naturel de la pensée, à la lucidité du sens, et ne sont au fond qu'un moyen technique pour se faire applaudir davantage par les auditeurs*[1]) *à qui les menestrels avaient affaire et dont dépendait leur existence.* Beispiele siehe S. 8, 11 u. 25 [2]).

Als Muster in Bezug auf die Anwendung guter homonymer Reime kann auch noch Froissart (1337—1404) hingestellt werden; jedoch thut sich, was die Zahl anlangt, schon eine gewisse Abnahme kund. Wir finden bei ihm fast gar nicht den identischen Reim, welcher ja auch schon von den älteren Verslehren verworfen wurde. Ferner begegnen wir in seinen Gedichten nicht so häufig den leeren Reimspielereien, wie bei andern Dichtern seiner Zeit. Dagegen bringt Froissart den echten homonymen Reim in schöner und gewandter Weise zur Anwendung. Von ihm kann man sagen, dass er von einer gewissen Bildung des Dichters Zeugnis giebt. Ausser den im Verlauf der Arbeit schon erwähnten Beispielen mögen hier

---

[1] Diese Gedichte wurden jedoch nicht gesungen, sondern gelesen.
[2] Vgl. auch A. Krause: „Bemerkungen zu den Gedichten des B. d. Condé u. des J. d. Condé". Prgr. d. Friedr. Werder-G. Berlin 1890.

noch einige zeigen, wie mannigfaltig der homonyme Reim bei Froissart angewandt ist.

Bd. I. 1. *β)* 521 *servans* (Subst.: Part.), 579 *bien* (Sbst. u. Adv.), 803 *doctrine* (Sbst.: Vb.), 1704 *point* (Neg.: Verb.).

γ) 253 *mains* (*manum*: *minus*), 509 *rainne* (*ranam*: *renam*), 527 *mise* (Part. v. *mettre* == *mittere*): *Mise* (Ortsname), 937 *gens* (*gentem*: *genitum*), 1266 *maint* (*manet*: ahd. *manag*).

I 2. *β)* 69 *loge* (Vb. u. Sbst.), 157 *desir* (Sbst.: Vb.), 335 *oevre* (Sbst.: Vb.), 719 *compte*: *conte* (Sbst.: Vb.), 811 *carge* (Sbst.: Vb.), 821 *tans* (-Mal): *temps* (Zeit), 937 *point* (Vb.: Sbst.).

γ) 261 *chiere* (*caram* Adj.): *ciere* (*caram* Sbst.), 1039 *art* (*artem*: *ardet*), 1103 *amer* (*amare*: *amarum* Adj.).

I 3. *β)* 95 *part* (Seite: Anteil), 368 *chace* (Sbst.: Vb.), 449 *avoir* (Inf.: Sbst.), 637 *pourpos* (Vorsatz: Plan), 1662 *tainte* (Sbst.: Part.), 1764 *propos* (Sbst.: Vb.)

γ) 47 *mi* (*medium*: *me*), 127 *tendre* (*tenerum* Adj.: *tendere*), 191 *rue* (*rugam*: *rutat*), 527 *esté* (*statum*: *aestatem*), 721 *lire* (*legere*: *lyram*), 1096 *doi* (*dui* für *duo*: *digitum*), 1696 *vois* (*vocem*: *vado*), 2247 *main* (*mane*: *manum*), 2330 *livre* (*libero*: *librum* Sbst.), 2419 *sain* (*sinum*: *sanum*), 2476 *fors* (*fortem*: *foris*), 3456 *sons* (*sumus*: *sonum*).

I 4. *β)* 137 *nombre* (Sbst.: Vb.), 189 *tourbe* (Sbst.: Vb.), 337 *recors* (Sbst.: Vb.), 500 *painne* (Sb.: Vb.), 645 *blame* (Sbst.: Vb.), 744 *devise* (Sbst.: Vb.), 985 *escript* (Sbst.: Vb.), 1542 *fiere* (Vb.: Sbst.), 1686 *consell* (Sbst.: Vb.), 2372 *Justice*: *justice*.

γ) 383 *mes* (*missum* ufrz. *mets*: *magis*), 1520 *plains* (*planctum*: *planum*), 1690 *tele* (*talem* Fem.: *telam*) (statt *toile* vgl. S. 8 Anm. 1), 1786 *peres* (*patrem*: *paras*), 1856 *fain* (*famem*: *foenum*), 2286 *chans* (*campum*: *cantum*), 2662 *sommes* (*sumus*: *summam*), 2752 *fres* (*frais* ahd. *frisc*: *frais* = *fredum*)¹).

Nicht unwesentlich für die Anwendung des homonymen Reimes ist fernerhin der Dialekt, in welchem die Werke geschrieben worden sind; denn je nach der lautlichen Entwicklung der einzelnen Mundarten kann die Zahl der homonymen Wörter verschieden sein. So ersehen wir aus dem oben Angeführten (S. 11—12), dass besonders der pikardische Dialekt gewisse lautliche Eigentümlichkeiten an sich hatte, welche für die Bildung der Homonymen von Wichtigkeit waren. Vergleichen wir die obige Tabelle, so erkennen wir, dass die meisten Dichter, deren Werke eine hohe Prozentziffer aufweisen, pikardischen Ursprungs sind.

Am Schlusse der Betrachtung der altfranzösischen Zeit mögen nun noch die häufigsten Reime von echten Homonymen angeführt werden:

art (*ardet*: *artem*); *cele* (*celat*: *ecce illam*); *chiere* (*caram [Sbst.]: *caram* [Adj.]); *comment* (*commendo*: *quomodo mente?*); *conte* (*comitem*: *computat*: Verbalsubst. von *conter*); *court* (*cortem*: *currit*: *curtum*); *doit* (*debet*: *digitum*): *este* (*aestatem*: *statum*); *fin* (*finem* [Sbst.]: Adj.; Etym. unsicher — *finitum?*); *face* (*faciem*: *faciat*); *font* (*fundit*: *faciunt*); *fust* (*fustem*: *fuisset*); *gent* (*gentem*: *genitum*); *main* (*mane*: *manum*); *mains* (*minus*: *manum*); *mari* (*maritum*: Part. v. *marrir* = ahd. *marran*); *membre* (*membrum*: *memorat*); *mont* (*mundum*: *montem*); *non* (*nomen*: *non*); *plante* (*plenitatem*: *plantatum*); *pris* (*pretium*: *prensi: *prensum*); *prise* (*pretiat: *prensam*); *rue* (*rugam*: *rutat); *sache* (Cj. Prs. v. *savoir* *sapēre: Ind. Prs. v. *sachier* = *saccare); *quoi* (*quietum*: *quid*); *soie* (*setam*: *siam: *sceat*); *plain* (*planum*: *plenum*); *vint* (*viginti*: *venit*); *voie* (*viam*: *videat*); *vaine* (*venam*: *vanam*); *vit* (*vidit*: *vivit*);

¹) Vgl. auch Frz. Blume: „Metrik Froissarts". Greifswald 1890. Diss.

poi (*paucum*: *potui*); *rois* (*rocem*: *rides*); *ris* (*virum*: *risum*); *maint* (*manet*: ahd. *manag*). —

Wir sahen, dass der homonyme Reim seinen Anfang nahm mit dem Auftreten der höfischen Kunstpoesie, dass er sich allmählich weiter entwickelte und am Ende des 13. Jahrhunderts seine grösste Verbreitung fand — und nicht, wie oft geschrieben wurde, im 15. zur Zeit eines Crétin oder 16. Jahrhundert zur Zeit eines Marot. — Dichter aus dem Schlusse der altfranzösischen Zeit, nämlich G. Machaut (1290—1377), Eust. Deschamps (1340—1410), Chr. de Pisan (1363 bis c. 1429), Charles d'Orléans (1391—1465) zeigen schon eine Veränderung in der Anwendung des homonymen Reimes. Wenn auch im Ganzen ziemlich gute homonyme Reime vorhanden sind, so hat doch die Zahl einigermassen abgenommen (über Ch. d'Orléans, bei dem er fast gar nicht vorkommt, siehe weiter unten).

Hier und da trifft man auch den identischen Reim wieder an. Wie überhaupt in der französischen Litteratur dieser Zeit zeigt sich ebenfalls hier der Verfall. Die Dichter dieser Periode schmieden nämlich zu viele Verse und lassen es infolgedessen an der nötigen Sorgfalt fehlen. Leider kann man keine genauen Angaben machen, da die betreffenden Verfasser selten paarweise gereimte Verse verwenden; statt dessen teilen sie ihre Dichtungen in Strophen ein, wo ja schon an und für sich der homonyme Reim nur wenig zur Geltung kommt. Letzteres ist der Fall bei den kleinen lyrischen Dichtungen, die sich auf wenige Strophen erstrecken, wie Ballades, Rondeaux, Complaintes, Chants royaux, Virelais. Hierdurch erklärt es sich zum Teil, dass Ch. d'Orléans, der bloss letztere Gattungen anwendet, fast nie den homonymen Reim gebraucht. In seinen Gedichten habe ich nur 4 solche Reime gefunden: *chière* (Sbst.: Adj.), *gens* (Sbst.: Adj.), *venus* (Part.): *Vénus*, *rueil* (*rolco: Vbsbst. von diesem Verbum).

Wenn wir uns nun die Folgezeit näher betrachten, so erkennen wir, dass der homonyme Reim allmählich seine Bedeutung verliert, dass auch er die verschiedenen Phasen des

Aufblühens, des Höhepunktes und des Sinkens durchmachte.
Wir werden sehen, dass in den mittelfranzösischen Dichtungen
noch eine ziemliche Anzahl solcher Reime vorhanden ist, dass
sie aber im 17. Jahrhundert fast vollständig aus der Poesie
verschwinden. Auch später finden sie sich nicht so häufig
in Strophen als im Reimpaare, wo dieselben als Schmuck der
Dichtung ja auch stets mehr hervortreten. Es empfiehlt sich
weiterhin die Betrachtung nach den einzelnen litterarischen
Schulen anzustellen, von denen für das Mittelfranzösische die
Schulen Marots und Ronsards, die der Vor- bezw. Voll-
renaissance angehören, für das Neufranzösische die Malherbes
und die romantische Schule in Betracht zu ziehen sind. Eine
Prozentziffer können wir auch nicht mehr aufstellen wegen der
verhältnismässig geringen Anwendung von Homonymen im
Reime und müssen uns begnügen, einzelne Gedichte hinsichtlich
dieses Punktes genauer zu betrachten. Bevor wir uns mit
diesen einzelnen Schulen näher beschäftigen, sind noch die
Werke zweier Männer zu untersuchen, welche zwar aus der
Zeit der Vorrenaissance stammen, die jedoch in jeder Hinsicht,
sowohl in der Form, wie im Inhalte den altfranzösischen Dichtern
noch sehr nahe stehen. Es sind Molinet und Crétin. Betrachten
wir zuerst das Werk Molinets[1]) († 1509), betitelt: Les faietz
et dietz de feu de bone memoire maistre Jehan Molinet conte-
nans plusieurs beaulx traictez, oraisons et chants royaulx.
Nouvellement imprimez à Paris. 1537.

Wir finden in dem Gedichte: „Les aages du monde"
fol. 32 für γ 4 Beispiele; „Chappellet des dames" fol. 36: β 2,
γ 7; „La Complainte pour le trespas madame Marie de
Bourgogne" fol. 70: β 2, γ 10; „Le temple de Mars" fol. 96:
β 2, γ 8; „Le voyage de Naples" fol. 113: β 1, γ 3.

Wir sehen also, dass die Anzahl der homonymen Reime
nicht sehr gross ist. In betreff der Qualität ist zu bemerken,
dass der Verfasser fast nur Reime der Klasse γ gebraucht und

---

[1]) Vgl. Bouget: Bibliothèque franç. Bd. 9, 10.

nie dasselbe Wort mit sich selbst reimen lässt. Hier mögen einige Beispiele folgen:

ame (*animam*: *amo*), *sente* (*semitam*: *sentiam*), *monde* (Sbst.: Adj.), *rers* (*rersum*): *rerd*: (*riridem*), *trompe* (Sbst.: Vb.), *sourt* (*sortit*: *surdum*), *roys* (*regem*: *rigidum*), *nuyt* (*nocet*): *nuyct* (*noctem*), *saroye* (Impf. von *savoir* = *sapēre*): *Saroye* (*Sabaudia*), *ringt* (*viginti*): *vint* (*venit*).

In der Anwendung des homonymen Reimes findet sich also bei Molinet keine Übertreibung. Aber in andern Reimspielereien ergeht er sich nur zu oft. Dies mögen einige Verse eines von ihm an Crétin gerichteten Gedichtes zeigen (fol. 129):

Tes trenchant: chant: perchent ses parois roidz,
D'entre gent gent ont nobles François choi.r,
Se ne doibz doigt: douter en son laict laids
Car souvent vent vient au molinet net.

Manche Reimspielereien sind ja dem Geschmacke der Zeit angepasst; wenn jedoch ein Dichter in solcher Weise sein Talent vergeudet, dann verdient er auch vollkommen die verächtlichen Worte, mit welchen sich Rabelais im 50. Kapitel seines Gargantua über Molinet lustig macht. Dieser bittere Spott soll gleichfalls den Dichter Crétin († 1525) treffen, der als sklavischer Nachahmer Molinets sich in fast noch kühneren Reimspielereien ergeht. Rabelais nennt ihn im 21. Kapitel seines Pantagruel einen „vieux radoteur" und stellt ihn hin als Muster „d'un poëte ridicule". Das Werk dieses Reimkünstlers ist betitelt:

„Chātz royaux, oraisons et aultres petitz traictez, faictz et composez par feu de bonne memoire maistre Guillaume Cretin." Paris 1541.

In den ersten 26 folios dieses Bändchens finden wir für β 3, γ 11 Beispiele; „Debat de deux dames sur la venerie et faulconnerie": β 15, γ 30; „Epistre au roy Charles huytiesme" fol. 126: β 4, γ 6; „Ep. à la royne de Navarre" fol. 137: β 4, γ 6; „Ep. à François Charbonnier" fol. 167: β 3, γ 6.

Crétin hat also den homonymen Reim etwas mehr angewandt als sein Vorbild; es ist aber andrerseits nicht zu leugnen, dass bei ihm Reime der Klasse *β* häufiger auftreten als bei Molinet; zuweilen wiederholt sich sogar dasselbe Wort im Reime. Die Reimwörter, welche sich bei Molinet nicht finden, sind folgende: *chartre (carcerem: chartulam), sainctz (sanctum): seins (sinum), mont (mundum: montem), quoi (quietum: quid), mettre (mittere: metrum), celle (ecce illam): selle (sellam)*.

Mit diesen beiden Männern geht die Herrschaft der Reimkünste zu Ende. Der erste Dichter, welcher solche Übertreibungen, und so auch die allzu häufige Anwendung des homonymen Reimes vermeidet, ist Villon[1] (geb. um 1431). In der Ausgabe der Werke Villons von Lacroix, Paris 1877, begegnen wir im „Petit Testament" (1456) für *β* 5, *γ* 4 Beispielen; „Grand Testament" (1461) für *β* 13, *γ* 21.

Villon ist der erste Vertreter der Übergangszeit, in der sowohl auf sozialem und politischem Gebiete, wie auch in der Wissenschaft allmählich ein Umschwung eintrat. Er bemühte sich zwar, die alten Traditionen zu verlassen, hat aber noch nicht völlig mit ihnen gebrochen. So ist auch erklärlich die verhältnismässig grosse Anzahl von homonymen Reimen, die sich in seinen Werken finden; wir treffen jedoch nicht mehr bei Villon die equivoken Reime im engern Sinne an. In dieser Hinsicht hat er auch auf Marot eingewirkt. Wenn meist behauptet wird, dass Villon's Einfluss sich nur auf den Inhalt beziehe und keineswegs formeller Natur sei, so ist Letzteres doch insofern unrichtig, als gerade was den Reim betrifft, eine Nachahmung Villons durch Marot deutlich wahrgenommen werden kann[2]).

---

[1]) Vgl. auch Tamm: „Bemerkungen zur Metrik und Sprache Villons". Prgr. d. höh. Bürgerschule zu Freiburg i. Schl. 1879. Rose: „Der Einfluss Villons auf Marot". Greifswald 1877. Diss.

[2]) Vgl. auch die Litteraturgeschichten von Nisard und Darmesteter u. Hatzfeld.

In den ersten Gedichten Marot's: „L'Adolescence Clémentine"[1]) finden sich die equivoken Reime noch häufig; sie sind indess nicht mehr so oft vorhanden in den späteren Gedichten. In Marots Dichtungen kann man deutlich das Abnehmen dieses Reimes bemerken. Er hat in seiner späteren Zeit mit dem alten Geschmack vollständig gebrochen, wie es bei Villon noch nicht der Fall war. Er ist für seine Zeit ein Muster der Form; darum konnte auch Thomas Sibilet seine Art poétique, die er 1548 veröffentlichte, ganz und gar auf Marot gründen.[2]) Dieser ist bis zur Plejade, in der Zeit der Vorrenaissance, bahnbrechend gewesen und dies hauptsächlich in bezug auf den homonymen Reim.[3]) Er suchte möglichst gute homonyme Reime anzuwenden; am häufigsten sind die der Klasse γ. Auch bringt er nicht die gewöhnlichen homonymen Reimwörter zur Anwendung und lässt die einmal angewandten nicht leicht wieder in den Reim treten. Ich fand unter 46 echten homonymen Reimen nur einen einzigen wiederholt, nämlich: *vers* (Vers): *vert*: (grün); ebenso ist lobend anzuerkennen, dass bei den für β aufgezeichneten Beispielen die Reime *pas, point, fait* sehr selten sind. So finden sich in den von mir untersuchten Gedichten *point* viermal, *pas* gar nicht, *fait*: (Sbst.: Vb.) einmal. Echte Homonymen aus den Werken Marots (vgl. Les Oeuvres de Clément Marot, Lyon, chez Gryphius) sind z. B. folgende:

Florimond et Robertet (fol. 3) *nuyel* (Sbst.): *nuyt* (Vb.); *saine* (Adj.): *Seine*; *nom* (Sbst.): *non* (Nég.); fol. 11: *vile* (Adj.): *ville* (Sbst.); *Conté* (Sbst.): *compté* (Part.); Eleg. fol. 16: *celle* (Pron.): *cele* (Vb.); *conte* (Sbst.): *compte* (Sbst.); 52 *selle* (Sbst.): *celle* (Pron.); 54 *rond* (Adj.): *rompt* (Vb.); 66 *mort* (Sbst.): *mord* (Vb.); *Princes*: *prinses* (Vb.); 71 *grasse* (Adj.): *grace*

---

[1]) Vgl. Darmesteter u. Hatzfeld S. 88 Anm. 6.
[2]) Vgl. Juncker: „Franz. Litteraturgesch." S. 201.
[3]) Vgl. Darmst. u. Hatzfeld S. 91, wo es heisst: „*à lui* (Marot) se rattache toute une génération de versificateurs plus ou moins remarquables".

(Sbst.); 74 *maintz* (Pron.): *mains* (Sbst.); 72 *fasse* (Vb.): *face* (Sbst.).

Der bedeutendste Nachahmer und Freund Marots ist Mellin de Saint-Gelais[1]). Mit Marot hatte er die Wahl der Stoffe, poetische Gattungen und Formen grösstenteils gemein. Besonders hat er in seiner Sprache, welche bei den Zeitgenossen wegen ihrer Anmut und ihres Wohllautes geschätzt war, mit Marot die meisten Berührungspunkte. Auch seine Verskunst, an der man Gewandtheit und Geschmeidigkeit bewunderte, stand zu seiner Zeit in hohem Ansehen, so hauptsächlich der Reichtum seiner Reime. Zuweilen zeigt er noch Neigung zu den Reimkünsten und mit dem Reime zusammenhängenden Wortspielen. Den homonymen Reim kann er jedoch nur verhältnismässig selten verwenden, weil er fast nur kleine Hofdichtungen, meist sogar nur Quatrains, Cinquains etc. oder Ballades von wenigen Zeilen verfasst, wo ja schon an und für sich der homonyme Reim schwerlich zur Entfaltung kommen kann (vgl. die Gedichte von Ch. d'Orléans, wo dasselbe der Fall war).

Untersucht habe ich die Gedichte in der Ausgabe von Blanchemain. Paris. 1873; (bibl. elzévirienne). Er findet sich in Bd. I: „Epitaphe de la belette d'une damoiselle": *tour* (*turrim: tornum*), *chere* (Adj.: Sbst.); „Ep. d'un passereau d'une damoiselle": *point* (Nég.): *poingt* (Vb); „D'un vieillard d'auprès Véronne": *tour* (Sbst.: Advb. *t-à-t*), *(iarde* (*lae de*—): *garde* (*n'a*—), *voie* (Vb. u. Sbst.); „Elegie de Vénus sur la mort du bel Adonis": *plaints* (Sbst.): *pleins* (Adj.); „A la royne": *venus: Vénus, Paris* (Person): *Paris* (Stadt)[2]); „A une princesse": *prise* (Ind. Prs. u. Part.), *point* (Neg. u. Sbst.), *Vénus: venus;* „D'une Dame": *deuls* (*doleo*): *deux* (*duo*), *fois* (*vicem: facio*), *coupe* (Vb. v. *coup* = -*colaphum: culpam*).

---

[1]) Vgl. E. W. Wagner: „Mellin de St.-Gelais, eine litteratur- und sprachgeschichtl. Untersuchung". Ludwigshafen 1893. Diss. (Heidelberg).

[2]) Diese Reime sind ungenau, weil ein Wort mit hörbarem Endkonsonanten reimt mit einem solchen, dessen Endkons. stumm ist.

Bd. II: *Douzains:* 1) *sens* (Sbst.: Vb.), *sein* (Sbst.) *sain* (Adj.), *aile* (*alam*): *elle* (Pron.); „Elegie d'Ovide paraphrasée": *prix* (Sbst.): *pris* (Part.), *serre* (*serviat: servam*), *poinct* (Sbst.: Adv.); *Chansons:* 2) *là: la,* 5 u. 8) zweimal *poinct* (Vb.): *point* (Neg.), *fois* (*vicem: facio*), 6) *maris* (Sbst.): *marris* (Part.), 9) *prix: pris, noeuds* (*nodum*): *neufs* (*novum*), *dix* (Num.): *dis* (Vb.).

Bd. III: Viele kleine Gedichte, daher sehr selten. „Epistre du roy estant à Annet": *pleu* (Part. v. *plair* - *placëre:* Part. v. *pleuvoir* = *pluēre), pas.*

Hier darf der wichtige Jean Lemaire [1]) (geb. um 1473) nicht vergessen werden, der den homonymen Reim noch ziemlich häufig hat. Der Zeit nach war er eigentlich schon vor Marot zu behandeln, der von ihm das wichtige Gesetz lernte, niemals nach der betonten Cäsursilbe ein tonloses *e* folgen zu lassen. Trotzdem habe ich ihn nachgestellt, weil er, wie Becker beweist, der erste humanistische Dichter Frankreichs ist und den Anhängern der Plejade in jeder Hinsicht am nächsten steht. Der Trieb des Humanismus macht sich bei ihm geltend. Prunkhafter Redeschwall, wie Becker sagt, und idyllische Einfalt, unmittelbare Ursprünglichkeit und unermüdliche Emsigkeit, lebensfrischer Realismus und allegorische Deutungssucht etc., das sind Gegensätze, die sich in Lemaire vereinigen, ohne Widersprüche zu bilden. Wenn auch so von dem neuen Geiste durchdrungen, steht er doch in stilistischer Beziehung unter dem Einflusse Molinets, in dessen Hause er verkehrte. In allen Künsten der Rhetorik übte er sich nach diesem Vorbilde, er eignete sich in Vers und Prosa jene nie verlegene Fertigkeit und Gewandtheit an, die ihm später vorzüglich zu Statten kam. Er kennt bis in die feinsten Schattirungen die künstlerischen Mittel der Sprache, die volltönenden Worte, den unfassbaren Rhythmus. Indem er so die Form und den Ausdruck beherrschte und ein Reichtum der Worte ihm

---

[1]) Vgl. Ph. Aug. Becker, Jean Lemaire, der erste humanistische Dichter Frankreichs. Strassburg 1893.

zur Verfügung stand, brachte er auch schöne homonyme Wörter im Reime zusammen. — Seine Gedichte habe ich gefunden in einer Ausgabe von „Les Illustrations des Gaules". Paris. 1548. So zeigt die „Première épistre de l'Amant vert" folgende homonymen Reime: *roye* (Vb.: Sbst.), *seure* (*securam*): *seur* (*super*) ein schlechter, ungenauer Reim, *tumbe* (*tumbam*: Vb. v. lat. *tumba* od. altnord. *tumba*), *mort* (Sbst): *mord* (Vb.), *plainctz* (*planctum*): *plains* (*plenum*), *chiere* (Sbst.: Adj.); „Séconde ép. . . . .": *saincte* (Adj.): *ceincte* (*cinctam*), *Marie*: *marrie* (Adj.), *monde* (Sbst.): *munde* (Adj.), *torche* (Vb. v. *tortia: Sbst.); „La Description du Temple de Vénus": *metre* (*metrum*): *maistre* (*magistrum*), *monde* (Sbst.): *munde* (Adj.), *reines* (Sbst.): *raines* (Adj.), *point* (Neg.): *poinct* (Vb. u. Sbst.); „Plaincte sur le trespas du Vicomte de Falaise": *perit* (*periit*: *peritum*), *pleins* (Adj.): *plains* (*plango*): *plains* (*planum*), *costes* (*costatum): *cottes* (Part. v. *quotare), *aesles* (*alam*): *elles* (Pron.), *mort* (Vb.): *mort* (Adj.), *sommes* (*sumus*: *summam*), *scavoir* (Sbst. u. Inf.), *charge* (Sbst.: Vb.); „Le temple d'honneur et de vertus": *mode* (Sbst.): *munde* (Adj.), *marche* (Vb.): *Marche* (Land), *gents* (Sbst. u. Adj.), *parc*: (*parcum): *pars* (*partem*), *plaintz*: *plains* (*plenum*): *plains*.

Kaum fünf Jahre nach dem Tode Marots, der, wenn auch nur für kurze Zeit, der französischen Poesie den Weg gezeigt hatte, wurde seiner Schule der Fehdehandschuh hingeworfen durch die „Défense et illustration de la langue française", eine Schrift, die Ziel und Programm einer neuen Schule ankündigen sollte. Verfasser dieses Werkes ist Joachim Du Bellay [1]). Wenn es letzterem auch nicht gelungen ist, seinen Plan vollständig durchzuführen, so erfüllte er doch den Hauptzweck, nämlich das Wirken und Wesen der neuen Schule bekannt zu machen [2]). Ordnung und Bedeutung ist derselben gegeben worden durch

---

[1]) Vgl. Plötz: „Etude sur J. Du Bellay". Halle 1874. Diss.
[2]) Vgl. Darmst. u. Hatzfeld S. 98, wo es heisst: „*qui est la profession de foi de l'école nouvelle*".

Ronsard[1]), nach dem auch die Schule benannt worden ist. In betreff des homonymen Reimes war es ihre Absicht, die Bindung solcher Wörter zu verbannen, welche sich nicht hinreichend in der Bedeutung unterscheiden. Jedoch eine Neuerung ist dies nicht mehr zu nennen; in der älteren Poesie finden wir diese Regeln in der Praxis schon bei Dichtern von höherer Bildung durchgeführt. Die neue Richtung unterscheidet sich indessen dadurch von der alten, dass sie allgemein diese Vorschriften proklamierte und durchführte; in der vorhergehenden Zeit war es dagegen ganz und gar willkürlich. Andrerseits kann man in der Schule Ronsards nicht von einer allzu grossen Konsequenz reden. So ist im Allgemeinen die Zahl der unter die Klasse β fallenden Reime grösser als die der von γ. Der Hauptgrund für die fortschreitende Abnahme von homonymen Reimen ist wohl darin zu suchen, dass infolge des Humanismus die nationale Sprache immer mehr vernachlässigt wurde. Die Dichter bereicherten zwar den Wortschatz, aber dies geschah durch Entlehnung aus den alten Sprachen. Ihre eigene Sprache liessen sie ruhen, verdarben sie indess durch fremde Elemente. Die Schule Ronsards blickte mit Verachtung auf die altfranzösische Zeit, ihre Sprache und Litteratur, mit der sie sich wenig beschäftigte. Ferner wurden die früher beliebten Versarten[2]), in denen der homonyme Reim sich entwickelt hatte, durch neu geschaffene verdrängt. Der acht- und zehnsilbige, paarweise gereimte Vers, in denen ja der homonyme Reim besonders gepflegt wurde, verlor immer mehr an Boden.

Da die einzelnen Dichter dieser Periode in der Anwendung und Güte des homonymen Reimes keinen bedeutenden Unterschied aufweisen (vgl. weiter unten), so wird es hinreichend sein, die Werke der Dichter mit der Anzahl der darin vor-

---

[1]) Vgl. Büscher: „La versification de Ronsard". G. Prgr. Weimar 1876. Rosenbauer: „Über P. Ronsards kunsttheoretische Ansichten". München 1895. Diss.

[2]) Vgl. Darmst. u Hatzfeld S. 118.

kommenden Reime anzugeben. So Ronsard (1524—85) — vgl. Oeuvres de Ronsard. Paris. 1567. — „Livre des Amours": β 14, γ 19; „Le premier livre des odes": β 7, γ 8; „Le troisième livre des odes": β 7, γ 8.

Du Bellay (1525—60) — vgl. Ausg. v. Marty-Laveaux. Paris. 1866. — „L'Olive": β 2, γ 2; „Discours au roy sur la Poésie", „Chant triomphal sur le voyage de Boulogne", „Les Furies" haben nicht einen einzigen homonymen Reim. „La Complainte du Désespéré": β 2, γ 1; „La vieille courtisane": β 2. Ich habe noch einige andere Stücke untersucht, doch nirgends ein Beispiel gefunden.

Agrippa d'Aubigné (1550—1630) — vgl. die Ausg. von Réaume et de Caussade. Paris. 1877. — in 12 „Odes": γ 2; „Poésies diverses": β 1, γ 3. In seinen Sonnets findet sich kein homonymer Reim. „La Création": β 8, γ 2; „Les Tragiques": — vgl. Ausg. v. Lalanne in bibl. elzévir. — β 11, γ 14.

Étienne Jodelle (1532—1573) — vgl. Ausgabe von Marty-Laveaux. Paris 1868. — „L'Abbé Eugène": β 8, γ 9; „Didon": α 1, β 7, γ 7. In seinen Epistres et Sonnets sind die homonymen Reime noch seltener.

Robert Garnier (1545—1601) — vgl. Ausg. v. W. Foerster in der Sammlung französischer Neudrucke, herausgegeben von Vollmöller. — „Hippolyte": β 13, γ 4; „Les Juives": β 11, γ 3; „Bradamante" β 10, γ 1.

Math. Regnier (1573—1613) — vgl. Ausg. v. Courbet. Paris 1875 — „Satires": α 1, β 6, γ 4.

Zur Zeit der Schule Ronsards ist also der homonyme Reim selten angewandt worden. Von den vorkommenden Homonymen gehört fernerhin auch noch die Mehrheit zur Klasse β; hier finden oft Wiederholungen statt und zwar bei gewöhnlichen Reimwörtern. In der Klasse γ begegnen wir stets verschiedenen Wörtern, und diese bilden nur gute gewählte Reime. Neue Homonymen treffen wir nur selten an, vielmehr fast nur solche, die uns aus früherer Zeit her hinlänglich bekannt sind, wie: *celle: cele, pris: prix, nuist: nuit, roix: rois, fin, voye, sains: saincts, marry: mary*. Hervorzuheben sind jedoch einige neue Reimwörter, die eben meist deshalb bemerkenswert sind, weil sie sich durch die Orthographie [1]) unterscheiden und zuweilen altfrz. keinen homonymen Reim bilden konnten, z. B. *esprix (*exprensum)*. altfrz. *esprix: esprit: (spiritum)*, altfrz. *esperit*. d'Aubigné: „Odes" S. 122, — *fil: (filium): fis (fecisti)* ebd. S. 186 (die altfrz. Form, pikardisch *fius (fieus)*, sonst gemeiniglich *fil:* und *fi:*, konnte nicht mit *fis /feci/* reimen), — *ceints (cinctum): saincts* (Adj.): Tragiques: S. 163, Jodelle, Didon S. 195; *veux: roeux:* Trag. S. 164, 263; — *fis: fils* (vgl. oben): Jodelle, Didon S. 195; — *gresle* (Dim. v. Prov. *grexa: gracilem)* [2]); — *joue (gabata: *jocat):* d'Aubigné, Poés. divers. S. 228, Garnier. Die Reime, welche Eigennamen enthalten, sind im Ganzen selten; so reimen *Mets: mets* (Mahl) in Jodelles l'Abbé Eug. S. 39, *Tardif: tardif* (Adj.) in d'Aubignés Trag. S. 154. Ein ungenauer homonymer Reim findet sich in den Trag. S. 105: *court* (Vb.): *cour* (Sbst.).

Nicht zufrieden mit der durch die Schule Ronsards herbeigeführten Einschränkung des homonymen Reimes, des althergebrachten Schmuckes der französischen Verse, treibt Malherbe, der Vater der klassischen Metrik, das Werk der Vernichtung noch weiter. Er duldet Reimwörter, die demselben Stamme, aber verschiedenen Wortklassen angehören nur dann, wenn ihre gemeinsame Herkunft nicht mehr leicht ersichtlich ist. Wie Malherbe, so sind auch fast alle seine Anhänger in der Anwendung dieser Regeln konsequent gewesen. In allen Dichtungen der Klassiker, mit seltenen Ausnahmen, finden wir nie einen homonymen Reim, der aus zwei Wörtern besteht, deren gleiche Abstammung leicht zu erkennen ist. Während

---

[1]) Vgl. S. 71, 74.
[2]) Garniers „Hippolyte" 115.

diese Reime aus der Poesie verbannt werden, vermehren sich
andere Reime in auffallender Weise. So treffen wir in derselben Dichtung die Reime *pas* und *point* acht-, ja zehnmal
an, so oft wie sie in keiner Periode vorgekommen sind. Ferner
nimmt auch in dieser Zeit die Zahl der echten homonymen
Reime noch mehr ab, und, was in der Schule Ronsards nicht
vorkommt, Wiederholungen derselben Reime in ein und demselben Gedichte greifen auch in der Klasse *γ* um sich. Es
sind bei allen Dichtern, wie auch in den Werken der einzelnen
Dichter, wenige ausgenommen, immer dieselben Wörter gebraucht, die sich auf eine sehr geringe Anzahl beschränken,
wie *veux: voeux, rois: voix, nom: non, pris: prix, sorte*
(Sbst.: Vb.), deren Anwendung fast unbewusst geschieht. Das
Bewusstsein der Eigentümlichkeit des homonymen Reimes war
nämlich der damaligen Zeit verloren gegangen, welche die
Sprache des Mittelalters nicht mehr kannte und nichts von der
reichen altfranzösischen Litteratur wusste. Im Ganzen können
wir sagen, dass in dieser Schule, welche nach ihrem Vorbilde
Malherbe benannt wird, der homonyme Reim als zufällig anzusehen ist.

Malherbe (1555—1628) selbst meidet ihn so viel wie
möglich; nur zweimal reimt er homonym: *prise* (Vb.: Sbst.)
und *face* (Sbst.: Vb.). Reime der Klasse *β* finden sich gar nicht,
auch nicht *pas* und *point*. Ebenso ist es bei seinen Schülern [1])
Maynard und Gombauld. Bei Maynard findet sich nur *sens:
cens;* bei Gombauld: *tombe* (Vb.: Sbst.), *prix* (Sbst.): *pris*
(Vb.), *voeux* (Sbst.): *veux* (Vb.). Häufiger bedient sich Malleville homonymer Reime; es sind die folgenden: *nuit* (Sbst.:
Vb.), *comte: compte, cens: sens, Cynthe: sainte, pleus: plus*
(Adv.) vgl. S. 71, *prix: pris, fais: faix, mary: marry.
β) volant* (Adj.: Part.), *fait, pas, point.*

---

[1]) Vgl. M. Lierau: „Die metrische Technik der drei Sonettisten
Maynard, Gombauld et Malleville verglichen mit der Malherbes". Greifswald 1882. Diss.

Nicht so streng wie Malherbe war auch Alex. Hardy
(c. 1570—1630), der überhaupt dem Mittelalter noch ziemlich
nahe stand. In seinen Erstlingswerken begegnen wir einer
Anzahl von Reimen der Klasse γ, wie sie der vorigen Periode
entspricht, und Wiederholungen von *pas* und *point* sind nicht
so häufig. So finden wir -- vgl. Ausg. v. E. Stengel, Marburg 1884 — in „Didon se sacrifiant" für β 3, γ 9 Beispiele,
„Achille" γ 4. In seinen bessern Werken passt er sich mehr
und mehr der Zeit an; die Zahl der echten homonymen Reime
nimmt ab. So hat „Panthée" nur *pas* und *point:* „La Farce
du sang" β 7, γ 1. Wie in den letzteren Werken, so verhält
es sich auch bei den drei grossen Klassikern. So hat Corneille
(1606—1684) — vgl. Ausg. v. Marty-Laveaux in „Les Grands
Ecrivains de la France" — in „Mélite" für β 4, γ 2 Beispiele,
„Clitandre" β 4, γ 2; „La Veuve" β 2, γ 2; „La Galérie du
Palais" β 3; „Médée" β 1, γ 1; „Cid" β 1, γ 1; „Horace"
β 4; „Cinna" β 1, γ 1; „Polyeucte" β 5; „Le Menteur" β 2;
„Sertorius" γ 3; „Tite et Bérénice" β 4, γ 2; „Psyché" β 1,
γ 1. „Pompée", „Héraclius", „Andromède" bieten kein Beispiel;
fast ebenso ist es in „Imitation de Jésus-Christ". Bei Molière
(1622—73) — vgl. die 1842 in Paris bei Firm. Didot erschienene
Ausgabe — finden wir in „L'Étourdi" für β 6, γ 2 Beispiele;
„Le Dépit amoureux" β 5, γ 1; „Sganarelle" β 1, γ 1; „L'École
des maris" β 5, γ 1; „Les Facheux" β 2, γ 2; „L'École des
Femmes" β 7, γ 2; „Le Misanthrope" β 5, γ 1; „Tartuffe"
β 6; „Les Femmes savantes" β 3, γ 4. Ebenso ist es bei
Racine (1639—1699) ed. ebd. — „Les Frères ennemis" β 3,
γ 1; „Andromaque" β 1; „Les Plaideurs" β 4, γ 2; „Britannicus" β 2; „Bérénice" β 7, γ 1; „Bajazet" β 7, γ 2;
„Mithridate" β 2; „Iphigènie" β 4, γ 2; „Phèdre", „Esther",
„Athalie" β 3. Bei Boileau ist es nicht anders in bezug auf
die Klasse γ; Reime der Klasse β sind fast gar nicht vorhanden. In den 16 Contes La Fontaines fand ich für β 15,
γ 6 Beispiele. Den grossen Dichtern dieser Zeit ist also das
Vorhandensein der Homonymen im Französischen nicht zum

Bewusstsein gekommen. Wäre das der Fall gewesen, so hätten sie den homonymen Reim doch wohl häufiger angewendet, zumal Racine, bei dem doch ein Streben nach schönen und vollen Reimen beobachtet werden kann. Obwohl in der Theorie nicht verworfen, kommen die echten homonymen Reime doch nur selten zur Anwendung. Wenn auch im Allgemeinen unter den noch vorkommenden Homonymen stets dieselben angetroffen werden, so fallen uns immerhin zuweilen neue Reimwörter auf, die zumeist wegen ihrer Orthographie zu bemerken sind. So: *sens (sensum): cens (centum)* bei Maynard u. Malleville, bei letzteren auch *Cynthe* (Eigenname): *sainte* (Adj.); *oui (auditum: hoc *illum)* in „Le Dépit amoureux" 3 2 v. Molière; *là* (Adv.): *la* (Pron.) in „Les Plaideurs" 3 4 v. Racine; *pleus* (Part. von *plaire* — **placëre): plus (plus)* bei Malleville; in *pleus* ist also „e" nur noch graphisch, nicht aber lautlich vorhanden gewesen; ähnlich ist es in *deceus* (Part. von *decevoir* — **decipëre): dessus (de-subsum)* in „Achille" S. 27 v. A. Hardy; *soeur (sororem): seur (securum)* in „Didon se sacrifiant" S. 40 v. Hardy; ebenso „Farce du sang" von demselben; Mélite V. 797 v. Corneille. In *seur (securum)* ist die Aussprache merkwürdig. Altfrz. heisst es *seür*, dies ist nfrz. nach Fall des vortonigen *e* richtig *sür* geworden; hier aber hat sich das schwache *e* mit dem *u* zu einem Diphthonge verbunden; vergleiche hiermit *pleus* und *deceus*, in denen *e* verstummt ist. Ein ungenauer Reim ist *point* (Neg.): *poing (pugnum)* in „L'Étourdi" 5 7 von Molière; bei demselben Dichter hat sich auch ein identischer Reim untergeschoben, nämlich: *moi (me)* in „L'École des maris" 2 11. Hier und da finden wir auch noch den alten equivoken Reim, wie z. B. *deux: d'eux* bei Racine in „Mithridate" 3 4.

Bei den Dichtern des 18. Jahrhunderts verhält es sich ebenso, wie bei denen des 17. Reime von echten Homonymen treffen wir ebenfalls nicht häufig an. So hat J. B. Rousseau (1670—1741) — vgl. Oeuvres de J. B. R. Paris 1843. — für § 11, ; 3 Beispiele; Destouches (1680—1754 — vergleiche

Chefs-d'oeuvre des auteurs comiques. Bd. 4. Paris 1845. — „Le Philosophe marié": β 6, γ 1; „Le Dissipateur": β 7; Boissy (ebd.) „Les Dehors Trompeurs": β 8. — Gresset (1709—1777) — vgl. Petits poètes du 18'' siècle. Paris. 1883. — „Vert-Vert": γ 2; „La Chartreuse": β 1; die anderen Gedichte, wie „Le Carême impromptu", „Le lutrin vivant", „Les ombres" sind ohne Beispiel. — Voltaire (1694—1778) — vgl. Oeuvres complètes. Paris. 1764. — „Nanine": β 3, γ 1; „Mérope": γ 3; „Zaïre": β 6; „La Henriade": γ 1; „Le lac de Genève": γ 1. In seinen Discours de l'égalité des conditions, — de la liberté, — de l'envie, — sur la vraie vertu — findet sich kein homonymer Reim. Ebenso nicht in seinen „Odes", — sur le Fanatisme, — sur la paix de 1736, — au roi de Prusse, — sur la mort de Ch. VI. Ferner nicht in den „Stances", „Madrigaux", „Lettres", „Epître au Roi"; der „Temple de Goût" hat ein Beispiel für β, ebenfalls „Le pauvre diable", „Ce qui plaît aux dames": β 1, γ 2. — Ducis (1733—1816) — herausgg. mit M. J. Chénier — „Hamlet": β 2, γ 1; „Oedipe chez Admète": β 3, γ 3; „Macbeth": β 1; „Abufar": β 3. — In „La Navigation" v. Esménard — Ausg. v. 1805 — und in den Gedichten v. Millevoye — Ausg. von 1823 — findet sich der homonyme Reim nur äusserst selten. — J. Delille (1738—1813) — vgl. die 1850 in Paris bei Firm. Did. Frères ersch. Ausg. — „Les Jardins": γ 1; „L'Homme des champs": γ 1. — André Chénier (1762 —1794) — vgl. Ausg. v. Becq de Fouquières. Paris. 1862. — β 6, γ 2. — M. J. Chénier (1764—1811) — vgl. Chefs-d'oeuvre trag. chez Firm. Did. Frères — „Charles IX.": β 1. — J. Legouvé (ebd.): „La Mort d'Abel": β 3. — Luce de Lancival (ebd.): „Hector": β 2, γ 1. — Lemercier (1771—1840) ebd.: „Agamemnon": β 2, γ 1; „Frédégonde et Brunehaut": β 1, γ 3. — Etwas häufiger findet er sich bei Ecouchard Lebrun (1729 —1807), hrsgg. mit J. B. Rousseau. In seinen Gedichten treffen wir für β 2, γ 8 Beispiele an. — Ebenso auch bei Delavigne (1794—1843), der den Übergang zu den Romantikern bildet. „Louis XI.": β 6, γ 6; „Les Enfants d'Édouard": β 5,

; 6; „Aux ruines de la Grèce païenne" ohne Beispiel; „Les Limbes": ,3 1. In den „Messéniennes" findet sich fast kein Beispiel, in „Marino Faliero": ,3 4, ;' 6; zu merken sind: *ciènes: chaines* 1 6 und 5/2; *sent (il): sang* (Sbst.) ungenau.

Ausser den bekannten, auf Seite 68, 69 angeführten Reimen sind bei den Dichtern des 18. Jahrhunderts noch folgende zu verzeichnen: *lire (legere): lyre (lyram)* J. B. Rouss. Epgr. I, *vers (versum: vermem)* Epitr. I, *tours (tornum: turrim):* „Vert-Vert" chant I, *coeur: choeur (cor: chorum)* chant II, *croix (crucem: credo)* in Lemerciers „Frédég. et Brun." 2/2, *ferme* (Vb. u. Adj.) ebd., *taire (*tacere): terre (terram)* in dessen „Agamemnon" 3/3 *lui* (Part. von *luire *lucere:* Pron.) in „Louis XI." von Delavigne 1/5, *compte (computat): comte (comitem.)* ebd. 2/13, *livres (liberas: librum)* in dessen „Enf. d'Ed." 3 1 *tombe (tumbam:* Vb. v. *tumba* oder von altnord. *tumba)* ebd. 3/9. Zuweilen tritt auch der equivoke Reim auf, wie z. B.: *même: m'aime* in Voltaires „Zaïre" 1/1 und „Marino Faliero" 1 2, *lire: l'ire* J. B. Rouss. Epitr. I$_3$, *deux: d'eux* in „Enf. d'Ed." von Delavigne 1/4, „Hector" von L. de Lancival 4 6.

Von den genannten Dichtern weisen Lebrun und Delavigne schon auf die Romantiker hin, welche die Poesie von den beengenden Formen des 17. und 18. Jahrhunderts befreiten. Diese schwärmten von neuem für das Mittelalter, welches die Dichter des 16., 17. und 18. Jahrhunderts verachteten, und für die Werke desselben, die das klassische Altertum verdrängt hatte. Die französische Romantik[1] war ein Kampf gegen die klassische Dichtung, gegen das unechte Antikisieren. Ihre Anhänger wandten sich wieder dem Studium der nationalen Sprache zu, nachdem dasselbe zwei Jahrhunderte infolge des Humanismus und Klassizismus völlig verschmäht worden war. Wenn die Vertreter der modernen Richtung auch nicht viel Wandel herbeigeführt, so haben sie doch die Wiederholungen

---

[1] Vgl. G. Brandes: „Die romant. Schule Frankreichs". Lpz. 1883.

von *pas* und *point* möglichst gemieden und unter den homonymen Reimen, die sie zur Anwendung brachten, eine verhältnismässig grosse Mannigfaltigkeit entwickelt. Bei dem grossen Chansonnier Béranger (1780--1857) finden wir zwar nicht viele, doch gute Reime — vgl. Toutes les Chansons de B. Paris. 1843. — z. B. *vin* (Sbst.): *vain* (Adj.): „Les infidélités de Lisette"; *champs: chants* (Sbst.): „Lex Oiseaux"; *nom* (Sbst.): *non* (Neg.): „Le Vilain" und „Ce n'est plus Lisette"; *taire (*tacëre): terre (terram):* „Les Mirmidons"; *guère* (ahd. *wâri*): *guerre* (ahd. *werra*): „Le bon papa"; *crois* (Vb.): *croix* (Sbst.): „L'échelle de Jacob"; *sort* (Sbst.: Vb), *fins* (Sbst.: Adj.): „Gotton"; *francs* (ahd. *franco* — Sbst.: Adj): „Les dix mille francs"; *pas, guères: guerres:* „Le vieux corporal"; *tiennes* (Pron.: von *tenir*): „Traité de Politique"; *plus* (von *plaire*: Adv.): „Les Champs" und „Le bon vieillard"; *faim: fin* (2 Sbst.): „Le vieux Vagabond"; *font: fond* (2 Vb.): „Le suicide"; *lyre* (Sbst.): *lire* (Vb.): „Adieu Chansons"; *fils* (Sbst.): *fis* (Vb.): „Paillasse"; *voix* (Sbst.): *vois* (Vb.): „La pauvre femme".

Die Mehrzahl dieser Reimwörter sind einander ziemlich oder vollkommen gleich, alle aber haben etymologisch nichts mit einander zu thun. Einige befinden sich aber darunter, die verschieden geschrieben sind, wie *vin: vain, taire: terre, faim: fin.* Solche Reime mehren sich bei den Romantikern; daher ist es ratsam, fernerhin einen Unterschied zu machen zwischen echten homonymen Reimen, die dadurch zu Stande kommen, dass gleich geschriebene Wörter gebunden werden, und denjenigen, wo zwar gleich lautende, aber nicht gleich geschriebene Wörter von verschiedener Herkunft und Bedeutung in Gleichklang treten.

Der Führer der Romantiker ist Victor Hugo[1] — vgl. Oeuvres compl. de V. Hugo. Paris 1835, Hetzel & Cie — Victor Hugo, dessen Ruhm sich weit über die Grenzen Frankreichs verbreitete, ist unstreitig der bedeutendste französische

---

[1] Vgl. G. Dannehl: „V. H. Litterarisches Porträt". Berlin 1886.

Dichter des 19. Jahrhunderts. Gross ist er durch die Gedankentiefe, die sich in seinen Werken kund giebt, berühmt durch den Klang, durch die Harmonie der Verse, in denen er jene zum Ausdruck bringt. Dieses Dichtertalent, welches sicherlich den Keim seiner zukünftigen Grösse von der Geburt an in sich trug, wurde vorzüglich gefördert durch das romantische Jugendleben, das den jungen Hugo bald nach Italien, bald nach Spanien führte. Land und Leute der verschiedensten Art lernte er durch eigene Anschauung kennen. So war es besonders das herrliche Spanien mit seinen mittelalterlichen Bauten, Burgen und Schlössern, mit seinem romantischen Leben, das einen tiefen Eindruck in dem Dichter zurückgelassen hat. Nicht wenige Dichtungen späterer Zeit legen hiervon beredtes Zeugnis ab. Auf diese Weise war in V. Hugo das Interesse für das Mittelalter erregt, und es konnte nicht fehlen, dass nach dem Anblicke der herrlichen Monumente desselben sein Sinn auch auf die damalige Litteratur gelenkt wurde. Auf die Lektüre derselben ist sicherlich zu einem grossen Teile die Vorliebe Victor Hugos für das Ungewöhnliche, die Überbietung und Verstärkung des Ausdrucks zurückzuführen. Daher wundert es uns nicht, dass ein dichterisch so gewaltig angelegter Mann, der die Sprache und Litteratur des Mittelalters kannte, sich im Gegensatz zur klassischen Schule[1]) im Reime zu vervollkommnen und immer mehr nach seltenen, auffallenden Reimen zu streben suchte. Bei näherer Durchsicht seiner Werke ist dann auch ein allmähliches Fortschreiten von bekannteren, leichteren zu selteneren, schwierigeren Reimen erkennbar. So zeigen die „Odes et Ballades", welche zu seinen ersten Dichtungen gehören und in der Form sich noch vollständig an

---

[1]) Becq de Fouquières sagt z. B. in seinem „Traité général de versification française", Paris 1879, S. 30·31: *„Il faut aussi en général accorder plus de tolérance aux rimes du vers classique qu'à celles du vers romantique. Le régime de la rime suffisante est celui du vers classique, tandis que le régime de la rime pleine est celui du vers romantique". — „La rime riche et pleine est en général deux fois plus fréquente dans Hugo que dans Racine."* S. 34.

J. B. Rousseau anlehnen, eine ziemliche Anzahl von „genügenden" Reimen, wohingegen die „rührenden" Reime fast ganz fehlen; z. B. hat die Ode: „Mon Enfauce" in 90 Versen 30 Verse mit genügendem Reime; „Pluie d'été" 30 in 70 Versen; „La Fille d'O-Taiti" 20 in 50 Versen; Ballade: „La grand' mère" 26 in 46 Versen; rührende Reime sind dagegen sehr selten. Mit der Zeit ändert sich dies, so dass „Canaris" (Orientales 2) 26 genügende Reime hat in 88 Versen; „Navarin" (ebd. 5) 70 in 285 Versen; „Chanson des pirates" (ebd. 8) hat nur reiche Reime; „le Derviche" 12 genügende Reime in 42 Versen. Andrerseits mehren sich auch die seltenen Reime, wie die rührenden; so in „Canaris": *abhorré*: *doré*, *sillon*: *pavillon*; „Chanson des pirates": *taire*: *monastère*, *chapelle*: *appelle*, *clameurs*: *rameurs*; „Navarin": *africaine*: *Duquesne*, *naguère*: *vulgaire*, *Belvédère*: *d'aire*, *défaite*: *prophète* etc. Nehmen wir dann Gedichte aus späterer Zeit, so sehen wir, dass die genügenden Reime erheblich abnehmen. So haben „à la colonne" (Chants du crép.) 26 in 216 Versen; „Conseils" (ebd.) 36 in 174 Versen; „à Louis" (ebd.) 34 in 218 Versen. Rührende Reime sind in „à la col." z. B. *tonnante*: *rayonnante*, *Vendôme*: *fantôme*, *magnifique*: *pacifique*, *dressé*: *pressé*, „Conseils": *ramassé*: *passé*, *royales*: *loyales*, *apporte*: *la porte*, *amer*: *la mer* etc.[1]) War nun dem Dichter die Eigenart des homonymen Reimes zum Bewusstsein gekommen, und hatte er eine Vorliebe für diesen Reim gefasst, so konnte es ihm nicht schwer fallen, ihn zu finden. Das zeigt uns in hervorragender Weise das Gedicht „La Chasse du Burgrave" (aus dem Jahre 1828), wo allein für ϳ 20 Beispiele vorhanden sind (siehe weiter unten). Sonst verwendet Hugo ihn im Allgemeinen nicht sehr häufig; doch, wo er denselben gebraucht, hat er fast nur volle und schöne Reimwörter. So begegnen wir in 10 „Odes" für ϳ 3,

---

[1]) Vgl. auch noch folgende Reime: „La Ch. du Burgr.": *Alexis*: *six*, *cornets*: *nets*, *bénins*: *naïus*, *paladins*: *daims*, *follets*: *laids*, *trophée*: *fée*, *mets*: *mais*, *Autriche*: *triche*, *ruisselle*: *celle*; „Feuill. d'aut." 34) *d'eau*: *rideau*, *faons*: *enfans*.

; 10 Beispielen. In den „Balladen" ist er selten. In 6 Gedichten aus den „Voix intérieures": ; 2. ; 9; 7 Gedichten aus „Rayons et Ombres": ; 3. ; 8; 10 Gedichten „Orientales": ; 4. ; 13; 5 Gedichten aus „Feuilles d'Automne"; ; 11. – Bei Lamartine (1790—1869) besteht ein ähnliches Verhältnis. vgl. Oeuvres de L. Bruxelles 1836. Melline. — In den „Méditations" (prem. et nouv.) und „Harmonies religieuses" ist der homonyme Reim fast gar nicht vorhanden. „Jocelyn" I. ; 2, ; 4: II. ; 2, ; 1: III. ; 2. ; 2: IV. ; 7. ; 4: V. ; 4, ; 3: VI. ; 2: VII. ; 1. ; 1: VIII. ; 4: IX. ; 5. ; 7. — Alfred de Vigny (1799—1863) — vgl. Poésies compl. de A. de Vigny. Paris 1866. Michel Lévy Frères — „Eloa": ; 5, ; 2; „Le Déluge": ; 1: „La femme adultère"; ; 1: „Dolorida": ; 1. ; 2: „Le Malheur"; ; 1: „M de Soubise": ; 3; „Le Trappiste": ; 1: „La Frégate la Sérieuse": ; 1: „La Flûte": ; 1; „Le More de Venise" (vgl. Théâtre compl. de A. de V. ebd.): ; 10. ; 3: „Shylock": ; 6. — Alfred de Musset (1810—1857) — vgl. Oeuvres de A. de Musset. Paris 1886. Charpentier — „Don Paez": ; 4: „Lettre à Lamartine": ; 3: „Portia": ; 3. ; 1; „La Coupe et les Lèvres": ; 6. ; 1: „Dupont et Durand": ; 1; „Simone": ; 1, ; 1; „Une soirée perdue": ; 1: „Le treize juillet": ; 1; „Sur trois marches de marbre rose": ; 2, ; 1; „Rolla": ; 2, ; 1; „Louison": ; 11. ; 4; „Les marrons du feu" ; 4. ; 3. Lamartine, de Vigny und de Musset haben auch gute homonyme Reime, fallen aber andrerseits in den alten Fehler der Anhäufung von *pas* und *point* zurück.

Es sollen jetzt zunächst nach der vorhin gemachten Unterscheidung die Fälle angeführt werden, wo beide homonyme Reimwörter ganz gleich sind: *lui* (Part. Pf. von *luire*: Pron.): Ode II 7 von Hugo; „Jocelyn" I, VII von Lamartine; „La Frég. la Sérieuse" von de Vigny. — *tombe* (Sbst. u. Vb.) Ode V 21, von Hugo; Nap. II in „Feuilles d'automne"; „Voix int." 2; „Rayons et Ombres" 1; „Feuilles d'automne" 15, 37; „Harm. relig." 9, 19; „Jocelyn" V etc. — *voile* (*velum*: *velat*) Ode V 25; „L'aurore s'allume" in „Ch. du crép.". — *porte* (Sbst.: Vb.)

„Ball." 15 von Hugo; „Les marrons du feu" 3 von Musset. — *foule* (Sbst.: Vb.): Nap. II. — *rague* (ahd. *wâc* = Woge: *ragum*): „L'aur. s'allume"; „Les Djinns" in „Orient." 28. — *cours* (Sbst.: Vb.): „La chasse du Burgrave". — *court* (Adj. u. Vb.) ebd — *trompe* (v. lat. *tubam*: Vb. von unsichrer Herkunft) ebd. — *été* (Sbst.: Part. Pf.): „Don Paez" von Musset. — *tour* (2 Sbst.): „A. Me J." in „Ch. d. crép.". — *nue* (*nudam*: *nubem*): „Voix int." 4; „Ch. d. crép." 12 (Plur.). — *tente* (Vb.: Sbst.): „Ray. et Ombr." 44; „Orient." 5; „Jocel." I. — *brise* (Vb.): Sbst., viell. identisch mit *bise*): „Orient." 9, 28; „Jocelyn" IX. — *grêle* (*gracilem*: prov. *grezа* [Sbst.]): „Orient." 28. — *lit* (*lectum*: *legit*): „Jocel." I. — *livre* (*libram*: *liberat*): „Shylock" 4 6 von de Vigny. — *livre* (*libram*: *librum*): „Louison" 1/4 von Musset. — *sort* (Sbst.: Vb.): „Jocel." V.

Eine geringe Verschiedenheit in der Schrift ist vorhanden in: *champs*: *chants* (2 Sbst.): Hugo, Ode III, 1; „Ball." 15; A. Me J."; „F. d'aut." 15. — *lyre* (Sbst.): *lire* (Vb.): ebd., „F. d'aut." 35; Ode III, 1; „Ray. et Ombr." 44; Lamartine, „Jocel." I; de Vigny, „Shylock" 4/12. — *rois* (Vb.): *roix* (Sbst.): Hugo, „Ball." 1; Lamart. „Jocel." IX.; de Vigny, „Dolorida". — *non* (Neg.): *nom* (Sbst.): Hugo, „Nap." II; de Vigny, „Eloa", „La Flûte" und „Le More de Ven." 2 11, 4 10. — *rers* (*versum*): *verts* (Adj.): Hugo, „Voix int." 22; de Musset, „Une soir. perdue". — *mûr* (*maturum*): *mur* (*murum*): „Voix int." 23; „Ray. et Ombr." 19. — *viles* (Adj.): *villes* (Sbst.): „Orient." 1; „Ch. d. crép." 10 (Sing.). — *jeune* (*juvenem*): *jeûne* (*jejunium*: „Jocel." 6. — *poids* (*pensum*): *pois* (*pisum*): ebd. 9. — *choeur*: *coeur* (2 Sbst.): „F. d'aut." 37; „Jocel." 9; de Vigny, Mme de Soubise". — *lis* (*lilium*): *lits* (*lectum*): „Jocel." 9. — *celle* (Pron.): *zèle* (*velum*): „Eloa". — *guerre* (Sbst): *guère* (Adv.): „Le M. de Ven." 1 8; „Louison" 1 1. — *près* (Adv.): *prêts* (Adj.): „Shyl." 1 5. — *vint* (Vb.): *vingt* (Num.): ebd. 2 1; „La Ch. d. Burgr.". — *crois* (Vb.): *croix* (Sbst.): ebd. 4/11. — *fasse* (Vb.): *face* (Sbst.): „Don Paez" 2. — *avés* (lat. *ave*): *avex* (v. *avoir*): „Portia" von de Musset. — *faite* (Sbst.): *faite* (Part.):

„La Coupe et les Lèvres" von demselben. *rent* (Sbst.): *rend* (*rendit*): „Rolla" v. dems. *doit* (Vb.): *doigt* (Sbst.): „Louison" 2 8. — *belle* (*bellam*): *bêle* (*belat*): „La Ch. d. Burgr.". — *chasse* (*captiat): *chasse* (*capsam*) ebd. — *cire* (*ceram*): *sire* (*senior*) ebd. — *comte* (Sbst.): *conte* (Vb.) ebd. — *cerfs* (*cervum*): *serfs* (*servum*) ebd. *mort* (Adj.): *mord* (Vb.) ebd. *comte* (Sbst.): *compte* (Vb.) ebd.

Gleichlautend, aber nicht gleich geschrieben sind folgende Reimwörter: *chaines* (Sbst.): *chênes* (Sbst.) Ode I. 4, „Voix int." 2 (Sing.), „Orient." 28 (Sing.), „Jocel." 6 (Sing.), „Le Trappiste" (Sing.) v. d. Vigny. — *ceinte* (Part. Pf.): *sainte* (Adj.) Ode II. 7. — *reines* (Sbst.): *raines* (Adj.) ebd. 9 „Dolor.", „Le M. de Ven." 4 1. — *faite* (Sbst.): *fête* (Sbst.) Ode III. 2, „Feuilles d'automne" 27, „La Chasse du Burgrave". — *taire* (Inf.): *terre* (Sbst.) „Nap. II.", „Feuilles d'automne" 37, „La Nuit du Mai" et „Le 13e juillet" v. de Musset. — *chère* (*caram*): *chaire* (*cathedram*) „Orient." 5, „La Ch. d. Burgr.". — *hôte* (*hospitem*): *haute* (*altam*) „A. M J.", „F. d'aut." 36. — *pleine* (Adj.): *plaine* (Sbst.) „Voix int." 4, „Ray. et Ombr." 1 (Plur.), „Orient." 15, „La Ch. d. Burgr.", „Jocel." IV et IX (Plur.). — *ailes* (Sbst.): *elles* (Prou.) „Orient." 33, „Jocel." V (Sing.), IX. — *oeufs* (*ovum*): *eux* (Prou.) „Jocel." 4. — *cher* (Adj.): *chair* (*carnem*) „La Ch. d. Burgr.", „Jocel." 4, „Shyl." 3 4. — *faim* (Sbst.): *fin* (Sbst.) „Dup. et Durand." v. de Musset. — *os* (*os*): *eaux* (*aquam*) „F. d'aut." 37 4. — *mots* (*multum*): *maux* (*malum*) „Simone" v. de Musset. — *mets* (Sbst.): *mais* (Adv.) „La Ch. d. Burgr.". — *crins* (*crinem*): *craints* (Part. Pf. v. *craindre* — *tremere*) ebd. — *ceignent* (Praes. v. *ceindre* — *cingere*): *saignent* (Praes. v. *saigner* — *sanguinare* ebd. Derartige Wörter sind mithin nur für das Ohr homonym, nicht für das Auge. Sie haben, wie wir sehen, in den Werken der Romantiker erheblich zugenommen. Vollständig neu sind darunter die Reime: *os*: *eaux*, *mots*: *maux*, *oeufs*: *eux*, *belle*: *bêle*, *crins*: *craints*, *ceignent* *saignent*. *mets*: *mais* trafen wir schon in der altfranzösischen Zeit an. Ein Beispiel dafür, dass Wörter reimen, von denen eins auf einen stummen, das andre auf einen hörbaren Konsonanten ausgeht, ist *meurs* (Prs. v. *mourir* *morire): *moeurs* (*mores*) Harm. relig. 39. Ungenaue, eigentlich nicht zulässige Reime sind: *coup*: *cou*: „Don Paez", *poing* (Sbst.): *point* (Neg.): „Sur les trois marches de marbre rose" et „Les Marrons du feu" v. de Musset. Auch für den alten equivoken Reim fand ich interessante Beispiele in „La Chasse du Burgrave": *queux*: *qu'eux*, *lourds*: *l'ours*, *leurre*: *l'heure*, *Leyde*: *l'aide*. Zuweilen findet sich auch *d'eux*: *deux*. Eigennamen sind nur selten in homonymen Reimen gebraucht, wie z. B. Pierre, Marie, wogegen sie in andern Reimen ziemlich oft vorkommen, zumal bei V. Hugo. So reimen in „La Ch. d. Burgr." *Alexis*: *six*, *Autriche*: *triche*, Ball. 14: *Gille*: *agile*, *Alexan*: *Jean*, *Paris*: *gris*, *Marceau*: *ruisseau*, *Lothaire*: *terre*, *Constants*: *lents*, *Alice*: *lice*, *Léonor*: *or*, *Irène*: *marraine*: *reine*, *George*: *égorge*, *Isabeau*: *tombeau*. (Dieses Gedicht stammt aus dem Jahre 1828.)

Von den Dichtern der nächstfolgenden Zeit ragen hauptsächlich hervor Brizeux (1806—58) und Ponsard (1814—67), von denen der erstere den homonymen Reim in ähnlicher Weise anwendet wie die Altfranzosen. So hat er in „La Fleur d'or" — Oeuvr. compl. de Aug. Br. Paris 1860, M. Lévy Frères — für ♂ 5, ♀ 16, „Poétiques nouvelles" ♀ 7, „Marie" ♂ 3, ♀ 5, „Les Bretons" ♂ 17, ♀ 49, eine Zahl, die seit der altfranzösischen Zeit nicht wieder angetroffen ist.

Ponsard hat in seinem „L'honneur et l'argent" (Ausgabe von Schütz) für ♂ 4, ♀ 4 homonyme Reime; in „La Bourse" ♂ 5, ♀ 5; in „Lucrèce" ♂ 4, ♀ 5. Unter den homonymen Reimen Ponsards sind neu *donc* (viell. von *ad-tunc*): *don* (*donum*) — ungenau — in „L'honn. et l'arg." 4 5; *cinq* (*quinque*): *zinc* (vom deutschen *zink*): „La Bourse" 1/1. Auch *sommes* (*sumus*: *summam*) ebd. 2/3, *tienne* (Pron.: Verb.) ebd. 3/2 waren selten geworden. Brizeux hat indessen viele neue homonyme Reime gebraucht, andrerseits auch nicht selten ungenaue angewandt. Vollständig neu oder neu nur, insofern sie in der

Zeit des Klassizismus nicht vorhanden waren, sind *cors* (*cor*): *corps* (*corpus*) „La Fl. d'or" S. 28. — *cité* (*civitatem*: *citatum*) ebd. 52. — *plus* (Pf. v. *plaire*: Adv.) „Poét. nouv." 450. — (*Pointe-du-*) *Ras*: *ras* [*rasum*] „Les Bret." 162. — (*Sainte-*) *Barbe*: *barbe* (*barbam*) ebd. 277. — Mehr oder weniger in der Schrift verschieden sind: *Seize* (*Louis* —): *Sèze* (Pers.) „Poét. nouv." 446. — *clerc* (*clericum*): *clair* (*clarum*) „Les Bret." 106. — *antre* (*antrum*): *entre* (*inter*) ebd. 129 und 204. — *lisse* (vielleicht von ahd. *lisi* leise): *lice*. ebd. 148. — *Anne*: *âne* (*asinum*) ebd. 182. — *cent* (*centum*): *sang* (*sanguinem*) ebd. 205. — *rent* (*rentum*): (*Peul*) *ran* ebd. 213. — *soufre* (*sulphur*): *souffre* (v. *souffrir* — *sufferere*) ebd. 233. — *mères* (*matrem*): *maires* (*major*) ebd. 261. — Zu den ersteren gehört auch *vannes*: *rannes* (**rennam*): „Les Bret." 177. — *mots*: *manx* findet sich in „Les Bret." 137 und 203, *hautes*: *hôtes* ebd. 225 und 289. Ungenaue Reime sind *donc*: *don* in „L'honn. et l'arg." von Ponsard, *point*: *poing* in „Agnès de Méranie" von demselben; bei Brizeux: *cou*: *coup* „Les Bret." 104, 152, 213, 233. — *clerc*: *clair* — *saint*: *Sein* ebd. 169. — *poing*: *point* ebd. 197. — *cent*: *sang*, — *rent*: *ran*. Einige dieser Reime begegneten schon bei A. de Musset (vgl. S. 80). Wie man sieht, hat Brizeux auch verschiedene Eigennamen im Reime. Augier hat ebenfalls den homonymen Reim ziemlich oft verwendet. So fand ich in seinem „Philiberte" folgende Reime: 1 1 *mit* (Sbst.: Vb.). — 1 3 *là* (Adv.): *la* (Pron.), 1 5, 2 1, 2 6 *nom* (Vb.): *non* (Neg.). — 3 10 *jeûne* (Sbst.): *jeune* (Adj.); ferner 3 10 *tente* (Vb.): *tante* (Sbst.). — 2 7 *scène* (*scenam*): *saine* (Adj.) und 2/5 *dis* (Vb.): *dix* (Num.). — 2,8 *donc*: *don*, 3 7 *vingt*: *rain* (letztere sind ungenau). In den rhythmischen Stellen der Werke Scribes und seiner Mitarbeiter kann man Homonyme hier und da im Reime antreffen. Späterhin ist der homonyme Reim ebenfalls nicht ausser Acht gelassen. Die bedeutendsten Dichter wenden ihn mehr oder weniger an. Bei Leconte de Lisle begegnete ich den Reimen: *chœur*: *cœur*, *chaînes*:

chênes, pas, poing: *point* (ungenau), *somme* (*summam*: *somnum*), *mord*: *mort*; bei Gautier: *rerts*: *vers*; Th. de Banville: *cher*: *chair*, *rile*: *rille*, *vers*: *verts*, *joue* (Sbst.: Vb.), *fût* (*fustem*): *fut* (*fuit*), *bien* (Sbst.: Adv.), *corneilles* (*corniculam*): *Corneilles*, *Riche*: *riche*, *son* (Sbst.: Pron.), *paraisse* (Cj. von *paraître* *parescere] — letztere in dem Gedicht: „la pauvreté de Rothschild" —, *lyre*: *lire*, *maux*: *mots* (A. Georges Rochegr.), *rin*: *rain* (A. Adolphe G.), *bois* (von *boire* *bibere*: *boscum). — Dupont: *tette* (dtsch. *sitze*): *tête* (*testam*). Frc. Coppée: *faite*: *faite*, *cours* (Sbst.): *courts* (Adj.), *nue* (Sbst.: Adj.), *reux*: *voeux*, *morts*: *mors*, *clairs*: *clercs*. Besonders in den Gedichten: „La Bénédiction", „La soeur Novice", „Le Liseron", „Prise de Voile". Ferner wenden ihn noch einigermassen an Haraucourt und Jeantet, welche alle zu den „Parnassiens" gehören, einer Schule, die von Brunetière in der „Revue des deux Mondes" [Bd. 90 S. 223]: „l'école du vers bien fait et de la rime riche" genannt wird.

In neuerer Zeit, wo der Einfluss der „décadents" sich verbreitete, konnte der homonyme Reim überhaupt nicht zur Entfaltung kommen; denn die Dichter dieser Schule, an deren Spitze Stéphane Mallarmé und Paul Verlaine stehen, werfen alle Reimregeln über Bord und verlangen auch hier, wie überall, Freiheit. So sagt denn Verlaine in seinem Gedichte „Art poétique":

Prends l'Éloquence et tords — lui son cou!
Tu feras bien, en train d'énergie,
De rendre un peu la Rime assagie.
Si l'on n'y veille, elle ira jusqu'où!

O qui dira les torts de la Rime?
Quel enfant sourd ou quel nègre fou
Nous a forgé ce bijou d'un sou
Qui sonne creux et faux sous la lime?

DER HOMONYME REIM IM FRANZÖSISCHEN.

INAUGURAL-DISSERTATION

ZUR

ERLANGUNG DER PHILOSOPHISCHEN DOCTORWÜRDE

AN DER

KÖNIGL. AKADEMIE ZU MÜNSTER I. W.

VON

JOH. MÖLLMANN

CAND. PHIL.

OPPONENTEN:

HERM. BARTMANN, CAND. PHIL.
H. HÜLSMEYER, CAND. PHIL.
H. DECKELMANN, STUD. PHIL.

MÜNSTER.
BUCHDRUCKEREI VON JOHANNES BREDT.
1896.

Lebenslauf.

Geboren wurde ich, Joh. Möllmann, kathol. Konfession, Sohn des Herrn. Möllmann und der Elisab. M., geb. Bartling, am 5. März 1873 zu Burgsteinfurt. Nachdem ich den ersten Unterricht in der Elementarschule meiner Vaterstadt erhalten hatte, wurde ich im Jahre 1883 an dem Gymnasium Arnoldinum daselbst aufgenommen, welches ich dann im Jahre 1892 mit dem Zeugnis der Reife verliess. Um mich dem Studium der neueren Philologie zu widmen, bezog ich darauf die Universität Bonn, der ich 3 Semester bis Herbst 1893 angehörte. Das Wintersemester 1893/94 verbrachte ich in Genf, um mich im Französischen zu vervollkommnen. Ostern 1894 begab ich mich sodann nach Münster, um an der dortigen Akademie weiterhin meinen Studien obzuliegen. Diese Hochschule verliess ich Ostern 1896 und kehrte in meine Heimat zurück, wo ich an der Ausarbeitung meiner Dissertation beschäftigt war. Während zwei Semester war ich ordentliches Mitglied des romanischen sowie des englischen Seminars.

Folgende Herren haben mich in meiner Studienzeit unterrichtet: in Bonn: Foerster, Koser, Neuhaeuser, Philippson, Rein, Ritter, Schick, Trautmann; in Genf: Bouvier, Duproix, Muret, Ritter; in Münster: Andresen, von Below, Einenkel, Hosius, Langen, Niehues, Spicker, Deiters, Hase, Dr. Mettlich. Allen Herren spreche ich hiermit meinen warmen Dank aus; besonders aber meinem hochverehrten Lehrer Herrn Prof. Dr. Andresen, der in freundlichster Weise mir in dieser Arbeit helfend und ratend zur Seite stand.

Thesen.

1. Das doppelte *m* in *sommes (sumus)* und *somme (sagma)* erklärt sich aus einem Einfluss der Wörter mit berechtigtem *mm*, wie *somme (summa)*, *somme (somnum)* etc.

2. *dôme* hat sich aus δῶμα und nicht aus *domus* entwickelt.

3. a) Der eigentliche homonyme Reim hat sich nicht direkt aus dem Lateinischen entwickelt, sondern ist im Altfranzösischen aus dem reichen bezw. rührenden Reime hervorgegangen.

   b) Bezüglich der Anwendung des homonymen Reimes herrscht zwischen der altfranzösischen und neufranzösischen Zeit ein grosser Unterschied.

4. a) Die altfranzösischen Formen *lou*, *fou*, *jou*, *clou* sind durch Ausfall der inlautenden Konsonanten zu erklären.

   b) *lieu* ist aus dem im Pikardischen bekannten Wechsel von *iu* und *ieu* zu erklären.